留学早规划

丁婉宁 著

中国铁道出版社有限公司
CHINA RAILWAY PUBLISHING HOUSE CO., LTD.

图书在版编目（CIP）数据

留学早规划 / 丁婉宁著. -- 北京 : 中国铁道出版社有限公司, 2024. 10. -- ISBN 978-7-113-31471-2

Ⅰ. G648.9

中国国家版本馆CIP数据核字第202467Z4G0号

书　　名：留学早规划
LIUXUE ZAO GUIHUA

作　　者：丁婉宁

责任编辑：马慧君　　　　**编辑部电话：**（010）51873005
封面设计：郭瑾萱
责任校对：苗　丹
责任印制：赵星辰

出版发行：中国铁道出版社有限公司（100054，北京市西城区右安门西街 8 号）
网　　址：http://www.tdpress.com
印　　刷：北京盛通印刷股份有限公司
版　　次：2024 年 10 月第 1 版　2024 年 10 月第 1 次印刷
开　　本：710 mm×1 000 mm　1/16　**印张：**11.25　**字数：**150 千
书　　号：ISBN 978-7-113-31471-2
定　　价：68.00 元

序言

前些日子在读一本书，名字叫《为什么伟大不能被计划》，副标题是“对创意、创新和创造的自由探索”。这本新书的作者是美国的两位扎根于人工智能研发领域的学者。顾名思义，这本书讲的是不要妄图去计划、规划或者设计一件伟大的事，因为那一切都是徒劳的。我深以为然。

然而，婉宁的这本书名字叫作《留学早规划》，第一章的题目叫“你需要一个巧规划”。这不是自己跟自己打起来了吗？留学这件事，到底要不要规划呢？很简单，这取决于你是否把“留学”这件事看成是一件“伟大的事”。如果你的留学是服务于一个伟大的人生目标，比如，移民火星或者拯救地球，那就没办法规划；如果你的梦想就是进入常青藤学校，冲刺牛津、剑桥，那就非得规划不可。或者说，在留学这件事上，初期、中期的基础工作必须有优质的规划，而留学带来的长远的人生发展则应该有意识地远离计划思维，给自己留下充足的弹性空间。

说说我跟婉宁的交往历史吧。我认识这个温婉平和的女孩子，大约是在2005年。真不敢想，那已经是将近二十年前的事儿了。彼时，我是北京四中高中部的一名年轻的历史教师，而她则是新入学的高一学生。我教了她三年的历史课，直到把她送进大学。对四中学生而言，似乎高考后不上北大、清华就算失败，其实多数四中人对此都不以为然。婉宁高考后被默默无闻的首都师范大学教育系录取，成了我的“师妹”。婉宁是一位真正的 change maker（改变者）。在大学一年级的时候，她就已经使得整个教育系认识了“四中创造”这个品牌。记得还是本科生的婉宁带领一个甚至包括研究生在内的课题组，回到四中来采访我，把我这个普通的历史老师定义为她生命中的“有意义的他者”。我也自得其乐般地回顾了我的“光辉历程”。当婉宁最终拿到哈佛大学教育学院录取通知的时候，整个首都师范大学为之轰动，而我却没有一丝一毫的讶异，因为在我看来一切都是如此的水到渠成。2013 年底，正当我们的四中教师话剧团忙着排练自编自导自演的古装剧《郑伯克段于鄢》的时候，我收到了哈佛大学寄来的感谢信，说是婉宁毕业的时候以我的名义在哈佛教育学院捐赠了一笔奖学金，因为我是她人生中的“重要他人”。我知道，婉宁并非来自一个富有的家庭，她的点滴积蓄、一片热忱，却记在了我的名下，让我感到无限欣慰的同时，也隐隐不安。这份回馈给老师的大礼我默默收下了。

一晃儿又是 15 年过去了。婉宁早已经从一个青涩的职场少年，成长为经验丰富、理念先进、工作认真踏实的独立教育咨询顾问。对于某些学生来讲，甚至可以说是人生中的“重要他人”。她和郭欣，都是我激赏甚至会为之感动的青年。他们用自己的认知和努力，开创了一片小小的但极富生机的天空。我在这个过程中，也曾经跟他们合作，向他们请益，与他们一起成长。

这本书会分享一些别人或许不敢也不肯告诉你们的底层逻辑。它不会是哈利·波特的魔法杖，但它会成为你踽踽独行路上的一根拐杖，一盏路灯，在你的留学大业值得规划也必须规划的部分，成为你的伙伴。

寥寥数语，权作序。

石国鹏

深圳曼彻斯通城堡学校中方校长，

北京四中国际校区、海南蓝湾未来领导力学校前校长

自序

2012 年，我从首都师范大学毕业，成为大学建校以来第一名进入哈佛大学教育学院继续深造的学生。依然清晰地记得在申请哈佛大学的文书里，我这样写道：希望通过在哈佛的进一步深造，我能为中国的父母赋能，让他们具有更高的教育认知，并能为子女的长远发展做出规划。

2014 年，我受哈佛校友力邀，进入教育公司，成为一名独立教育顾问。之后，我有机会考察了国内外近两百所不同的大学和中学，掌握了大量的一手学校信息。

2017 年，我回国后成立了一家小而美的教育咨询工作室。此后的时间里，我和团队有幸成为数百个家庭信任的伙伴，与这些家庭里的父母一起为孩子设计国际教育之路。

根据每个孩子的特点，我们为家庭量身定制国际教育规划路径，为孩子在学校的选课和校外时间的安排提供解决方案，与孩子的多位校内外教练和导师保持密切沟通，并为孩子的升学做细致和周全的准备。

回顾过去的十年，我有幸陪伴这些家庭度过孩子成长关键的中学阶段，并作出了可能会对孩子一生产生深远影响的教育决策。十年来，我也亲历了中国家庭的国际教育选择所发生的变化。

不少学生正在准备出国留学，有的家庭甚至选择在大学之前就把孩子送到国外的中学就读。一些家庭虽然还没有做出留学的选择，但是在积极观望，等待合适的契机。在近距离和家庭互动、答疑的过程中，发现家长最关心的问题有三个：

（1）要不要选择国际教育之路？这条路到底适合什么样的学生和家庭？

（2）如何做到让孩子出得去、学得优、回得来和过得好？

（3）有这么多国际化学校、课程体系、留学国家，要如何选择？

我希望用我十年的工作经历所积累的一手经验，在本书中回答这三个问题。

这本书一共分为五个章节：

第一章，拆解国际教育之路的特点，并从原则和框架的高度，帮助孩子和家长理解海外名校不同的选拔逻辑和其中的关键要素。

第二章，分析每个家庭国际教育道路上的关键抉择：什么时间送孩子出国？如何选择学校和国际课程？低龄留学的优势和风险有哪些？

第三章，总结了提升英文水平、实现留学梦想的核心步骤。无论孩子是从小就选定了国际教育的道路，还是中途进入留学预备的赛道，都可以在这一章里获得提升英文分数和能力的实用建议。

第四章，解析热门留学国家的细微差异。从这个国家的高等教育概况，到近年来中国留学生的数据，以及申请不同国家的大学的主要步骤，都可以在这一章找到精练、准确的信息。

第五章，探讨孩子如何做出大学专业的选择。哪些是具有就业前景和未来价值的专业？家长该如何引导孩子做深度的自我认知，发现适合自己的大学专业和职业方向？

衷心希望您能在这本书里找到属于您的答案，为自己的孩子选择一条顺畅的、面向未来的国际教育之路。

丁婉宁

2024 年 6 月

目录

第一章 你需要一个巧规划

第一节　国外一流大学可望又可即　3

一、进入国外名校的机会　3

二、丰富的选择　4

三、国际教育也接纳学生有不同的成长节奏　6

第二节　匹配的才是最好的，找到符合孩子特点和家庭价值观的教育方式　8

一、尊重孩子的特点　9

二、明确家庭的“教育观”　10

三、梳理家庭的择校标准　14

第三节　国际教育规划路线图：从小学到高中的顺畅留学之路　17

一、小学一到六年级　18

二、初中七到九年级　21

三、高中十到十二年级　23

第四节　追求更高：普通孩子考取世界名校的制胜法宝　26
一、在任何时候，学业成绩是基石和前提　26
二、从孩子的优势出发，扬长避短　27
三、学会适当放手，给孩子留出成长的空间　29

第二章　选对国际教育路径，让孩子真正无缝接轨

第一节　三大国际课程体系，为留学家庭铺就成功基石　33
一、最具国际范儿的 IB 课程　35
二、最灵活的 AP 课程　38
三、最接地气的 A-Level 课程　40
四、如何选择适合自己的国际课程　41
第二节　公立学校国际部、民办国际化学校还是美高，三条高中路径如何选择　44
一、公立学校国际部　44
二、民办国际化学校　46
三、低龄留学：美高路径　49
四、三条路径的区别　50
五、三条路径“初升高”的时间节点　51
第三节　高中择校：塑造大学申请档案的关键抉择　53
一、五个维度，定位一所高中　54
二、四种方式，调研一所高中　58
第四节　低龄留学：诱惑与风险并存的慎重选择　61
一、低龄留学的诱惑与风险　63
二、如何判断自己家庭是否适合低龄留学　66

第三章 成为英文高手：实现留学梦想的语言突破

第一节 从小规划：中文和英文的“双语”之路 73

一、实现双语，先要搞定母语 73

二、低龄学英文，这样做可以兼顾“乐趣”和“成绩” 76

第二节 临时转轨：快速提升“听说读写”基本功的策略 81

一、听力 82

二、口语 83

三、阅读 85

四、写作 88

第三节 高分通关：用托福、雅思、多邻国考试打开入学大门 89

一、标准化考试备考的常见误区 89

二、托福、雅思、多邻国三种考试特点分析 91

第四节 学术英文：用阅读和写作实现高阶思想交流 95

一、什么是学术英文 95

二、何时开始抓孩子的学术英文能力 96

三、提升学术英文能力，从阅读非虚构类图书开始 97

四、真正展示英文实力的学术写作 99

第四章 探寻彼岸：解密热门留学国家的细微差异

第一节 留学国家选择之道，快速选出最适合的国家 103

一、用留学预算来判断去哪儿读书 103

二、从录取难度来选择留学国家 104

三、从备考难度来选择留学国家 105

第二节　美国大学：多元高能之选　108
一、美国大学概况　108
二、美国大学的优势和特点　111
三、中国学生赴美留学的最新趋势和观察　112
第三节　英国大学：中产家庭的实惠之选　116
一、英国大学概况　116
二、英国大学的优势和特点　117
三、中国学生赴英留学的新趋势和观察　118
第四节　加拿大大学：就业友好的舒适之选　120
一、加拿大大学概况　120
二、加拿大大学的优势和特点　122
三、中国学生赴加拿大留学的最新趋势和观察　122
第五节　澳大利亚大学：环境优美、居住友好的选择　124
一、澳大利亚大学概况　124
二、澳大利亚大学的优势和特点　124
三、中国学生赴澳大利亚留学的最新趋势和观察　125
第六节　高性价比的留学国家：新加坡和以德国为代表的欧洲大陆国家　126
一、新加坡　126
二、以德国为代表的欧洲大陆国家　127

第五章　发现职业潜力，拆解专业选择的策略

第一节　专业适配之道：我喜欢、我适合、社会需要　131
一、我喜欢　131

二、我适合 133

三、社会需要 136

第二节 门槛高、热门、未来价值高的专业有哪些 141

一、门槛高的专业 141

二、热门的专业 142

三、未来价值高的大学专业 144

第三节 迷茫时怎么办？智慧抉择的专业选择方法 147

一、梳理自己的优势 148

二、用数学和英文表现，在六大专业领域中做初选 149

三、用职业测评来辅助判断 150

四、以“不定专业”来申请大学 151

五、本科学基础学科，硕士学应用学科 152

第四节 专业探索应趁早 153

附 录 155

附录 A 2025 年 QS 世界大学排名前 100 156

附录 B 2024 US News 美国前 50 综合类大学和文理学院排名 161

后 记 165

第一章 你需要一个巧规划

在本书的开始，先为大家树立一个牢固的信念：通过合理的规划，国外一流大学可望又可即。之所以能够如此确信，是因为在过去十年的历程中，见证过太多的学生通过合理规划，考取了 QS 世界大学排名[①]中位列前 100 的大学。

① QS 世界大学排名是由英国公司 Quacquarelli Symonds 发表的年度世界大学排行榜，出于方便讲述原因选取此榜单数据，仅为参考。

第一节　国外一流大学可望又可即

一、进入国外名校的机会

2025 年 QS 世界大学排名中，在世界前 100 大学中，中国有 11 所，美国有 25 所，英国有 15 所，澳大利亚有 9 所，加拿大有 4 所，还有法国、德国、荷兰、爱尔兰、比利时、瑞士、瑞典、丹麦、俄罗斯、韩国、日本、新加坡、马来西亚、新西兰、巴西、墨西哥、阿根廷的大学上榜。

以北京大学、清华大学为首的 11 所中国大学排进世界前 100。2024 年，参加全国高考的人数首次突破了 1 300 万，考进名校的难度可想而知。如果家庭为孩子选择一条去国外读本科的教育之路，进入世界前 100 大学的概率会增加很多，特别是对于有预算的家庭。

从实际情况来看，世界大学排名是重要参考，公认教育水平高的国家本国大学排名也很重要。学生们在申请时，往往是结合着来做选择。

在国际教育的赛道里，就当前而言，从录取难度的角度来看，美国前 30 的大学、英国前 5 的大学和新加坡前 2 大学的录取难度最大，属于录取难度的第一梯队。接下来第二梯队是美国第 31 ~ 50 的大学、英国第 6 ~ 10 的大学和加拿大前 3 的大学。第三梯队是澳大利亚的 9 所位列世界前 100 的大学。

成绩特别突出的学生都会争取第一梯队，美国前 30、英国前 5 和新加坡前 2 这 37 所大学的录取。大部分学生在英语过关的前提下，都可以争取第二梯队和第三梯队的大学，即美国第 31 ～ 50、英国第 6 ～ 10、加拿大前 3 和澳大利亚的 9 所上榜大学的录取。当然，录取的前提是按照科学的思路进行规划，家里的预算支持很多时候也是必不可少的。

有些家长会问，国际教育之路上的“成功者”和高考体系中的“成功者”相比，孰高孰低？这种比较已经越来越难，因为 10 年前还有不少学生可以同时准备高考和申请海外大学。如今两条赛道上的竞争压力都在加剧，可以在高三的时候有余力同时准备高考和申请海外名校的学生越来越少。

比如，北京四中 2023 届一个学生，同时获得了北京市高考前 20 的成绩，顺利考取了北京大学。他在高中期间也筹备了国际课程，通过 A-Level 课程[①]也被英国前 5 的帝国理工大学录取[②]。

对于学习有方法、成绩名列前茅的学生而言，选择高考和国际教育的道路，都能考取最难获得录取的大学。对于更多学生而言，选择国际教育的路径无疑会增加求学的机会。

二、丰富的选择

国际教育之路的另外一个特点，是它提供丰富多样的选择。各个国家的高等教育风格不同，大学也各有特点。就拿世界名校而言，哈佛大学关注培养具有影响力的领袖；普林斯顿大学擅长培养低调谦逊的学者；宾夕法尼亚大学的风格则更为务实，看重学生学以致用的能力。

把孩子送到国外读大学，家长完全可以根据孩子的特点，选择和孩子匹配的学校。这一点在下一节会做更深入的解读。放眼全世界，孩子所拥有的大学选择非常丰富。孩子可以选择不同的留学国家，选择深入学习一个专业

---

① A-Level 课程（general certificate of education advanced level）是英国普通中等教育证书考试高级水平课程，是英国学生的大学入学考试课程，被认为是英国的“高考”。

② 帝国理工大学（Imperial College London）是一所位于英国伦敦的公立研究型大学，专注于理工、商科和医学，因入学门槛高而成为英国最难入读的学府之一。

或者选择以通识教育为特色的大学。选择具有很强就业导向的大学，也可以选择象牙塔似的学府；可以选择近 8 万人的大学校，也可以选择只有 3 000 人的小学校；可以选择具有强社区凝聚力的大学，每到足球比赛，全校师生都为本校的球队呐喊助威，也可以选择没有围墙、和周围城市融为一体的大学。国际教育之路上，不怕缺乏选择，就怕孩子和家长的认识不足，不知道什么样的环境最有助于激发孩子的成长。

除了学校选择丰富多样，在申请大学前的准备过程中，国际教育的赛道也给孩子们多元的兴趣爱好提供了展示的空间。

见过不少孩子从小就有一个坚持的兴趣爱好。在国际教育的这条路上，很多学生还把长期坚持的兴趣爱好写进自己的大学申请材料，为自己的独特性加分。比如，有两个长年累月练习书法的学生，最后都在申请国外顶级大学的文书中展示了自己练习书法的心得。一名学生写的是，她作为女生，字体风格不是娟秀整洁的小字，而是雄劲有力的大字。她从一开始想要练习写娟秀小字，到意识到像她这样的女生也可以在宣纸上挥斥方遒。这篇以“接纳自己”为主题的文书，获得了顶级女子学院、很多著名人士的母校，威尔斯利学院①的青睐。

另一名女生在文书中写的也是练习书法的感悟。一开始她认为写好书法就是要尽力去模仿先贤的作品，王羲之、颜真卿、米芾的作品她都极力模仿。直到有一天，她发现，其实每位古代书法家连写最简单的“一”字的风格都不尽相同。从此，她认识到要写出自己的风格，这样她的字才不会有“机械感”，而更多像是与她整个人呼吸相连、有生命力的字。最后，这篇文书帮助她一举斩获美国排名前 10 的综合性大学西北大学②的录取。

① 威尔斯利学院（Wellesley College），成立于 1875 年，位于美国马萨诸塞州波士顿城西的小镇威尔斯利，为美国七姐妹学院之一，是全美排名最高的文理学院之一。

② 西北大学（Northwestern University）是美国的一所著名私立研究型大学，位于芝加哥以北、密歇根湖畔的埃文斯顿市，常年被评为全美前 10 名，世界前 30 名的美国知名学府。

近些年，有越来越多的中国学生通过体育和艺术方面的特长，进入美国顶级大学。例如，有的学生通过打高尔夫球或者击剑，成为大学特招的运动员，从而拿到常青藤名校[①]的录取通知书。还有的学生，坚持绘画和创作，最终提交了让人印象深刻的艺术作品集，如愿以偿地拿到了卡内基梅隆大学[②]的录取。更有学生通过从小开始玩乐高，到中学时期不断晋级更高难度的机器人比赛，最终进入英国的帝国理工大学。到了大学之后，这些学生还可以继续进行与自己的特长相关的学习和训练。

三、国际教育也接纳学生有不同的成长节奏

除了前面介绍的两个特点外，国际教育允许学生拥有不同的节奏，或者说不同的心智成熟的时间点。如果把进入大学的入口时间都设置在 17 岁高三的时候，那些到了 17 岁还没有成熟的孩子就相对弱势。对于这一点，国际教育之路提供了不错的机会。

我经常分享的一个例子来自一名女学生。她在高中时期，用她父母的原话说，就是“不务正业”，追星和写网络小说，占据了她主要的精力和时间。有一次在开会的时候，她的父亲甚至说“假设现在他们还有能力，真想再生一个老二”，足以见得这个父亲当时对女儿失望的心情。然而当这名女生离开家，到美国大学读书以后，她迅速成熟，在大学第一学期结束的时候，她拿到了全 A 的成绩单，并且主动询问如何从现在的大学转到更好的大学。后来，她积极地筹划转学，并如愿以偿地在大一结束之后，进入顶级公立大学密歇

① 常青藤名校（Ivy League）是由美国东北部 8 所大学所组成的体育赛事联盟。这 8 所大学是哈佛大学、耶鲁大学、普林斯顿大学、哥伦比亚大学、宾夕法尼亚大学、布朗大学、达特茅斯学院、康奈尔大学。现如今，常青藤名校具有良好学术声望、严格入学标准以及社会精英主义的内涵。

② 卡内基梅隆大学（Carnegie Mellon University）是一所位于美国宾夕法尼亚州匹兹堡的研究型私立大学，以计算机科学排名全美第一著称。

根大学安娜堡分校[①]。现在她已经从这所大学顺利毕业，开启了自己的职业生涯。

这样的例子有很多，很多学生在进入大学以后，再转学申请去更好的大学。毕竟，每个人成熟的时间节点都不一样。有大量的学生在高中的时候还不知道最适合自己的方向，到了大学慢慢地找到了感觉，然后通过转学申请进入更好的大学。

本节介绍了选择国际教育道路的三个优势：有机会进入世界排名前 100 大学、丰富的选择和表达兴趣爱好的机会、按照自己的节奏发展和成熟。

那么，作为家长如何能帮孩子利用起这些优势呢？

家长需要对国际教育道路建立正确的认知，理解这条路径是和自己所熟悉的高考路径截然不同的一条教育之路。由于家长可能没有经历过，就需要提早收集信息，做功课了解不同国家高等教育的风格、国外的大学开设哪些专业，以及如何提早进行规划，让孩子不错过每一个重要的时间节点。

写这本书，就是为了帮助家长建立对国际教育道路的精准认知，而不是迷失在微信群或者直播间里的只言片语。

现在就开启建立正确认知的学习之旅吧！

① 密歇根大学安娜堡分校（University of Michigan Ann Arbor）是一所成立于 1817 年的公立研究型大学，是全美最受追捧的公立大学之一。

第二节　匹配的才是最好的，找到符合孩子特点和家庭价值观的教育方式

了解了选择国际教育赛道可以给孩子创造最大的获得世界名校录取的可能性之后，为了实现这个长期的目标，脚下的这条路要如何走?

在走访了近两百所海内外的名校之后，发现大学的校长和招办主任给即将申请的学生最多的建议是：找到你的“Best Fit”，即“匹配的才是最好的”。

这个建议对很多家长来说，有些“反直觉”。因为家长们通常关心名校要录的是什么学生，然后就按照这个标准来培养孩子。但往往尝试了几番之后，会发现孩子有自己的特点，家长只能依照孩子的情况，为孩子规划适合的路径。先看看孩子是一颗什么种子，再为这颗种子创造适合成长的环境。刻意把孩子包装成名校想要的样子，无异于“削足适履”，容易破坏亲子关系，还不一定能如愿以偿。即使孩子被名校录取，由于不适合，就读名校的过程有可能也会很痛苦。

所以，在选择国际教育之路的时候，家长先要明确孩子的特点和家庭的教育观。前者来自孩子的先天气质，后者决定了家长要给孩子创造什么样的成长环境。

一、尊重孩子的特点

我有一位关系非常好的姐姐，对子女的培养亲力亲为，格外投入。由于她人缘好，善于链接资源，她基本上能为孩子在各个学科和课外兴趣上找到优秀的辅导老师。而她身边也围绕着不少和她一样重视教育的父母。

姐姐有一个儿子，她对儿子的期待很高。姐姐希望儿子能“学好数理化、走遍天下都不怕”。按照这样的预期，她给孩子从小就安排了各个学科的辅导，尤其是理科和英文的辅导，把孩子的业余时间安排得很满。

但是，孩子到了中学阶段，尽管很努力，却发现成绩很难达到妈妈的高预期。每次成绩单出来，姐姐还都要和周围的孩子爸妈比较一番，然后对孩子的不满情绪更加重了。随着儿子进入青春期，他越来越想争取安排自己时间的自由，于是母子俩经常爆发冲突。

这位姐姐的儿子有一个特点，就是善于创意和动手能力很强。尽管学校里图书馆提供的书籍多种多样，他借过的书一律都是设计软件、绘图软件的操作指南。尽管他的主要学科成绩表现平平，但他在学校的设计课永远是满分。到了高中，学校里大大小小的设计工作都找他。一个班徽、一个社团的T恤或者学校露天剧场的舞台，他用自己的设计天赋，为学校作贡献。慢慢地，同学和老师都注意到了他的这个特点，有设计的工作都找他帮忙。

申请大学前需要确定专业方向，姐姐的儿子在我和团队的引领下选择了“设计”作为大学专业，并如愿申请到了全美前3的设计大学。现在，他在大学里学得如鱼得水，成绩优异，令他的妈妈格外骄傲。在第一个学期结束后，他就被教授邀请成为全校年纪最小的助教。

回顾孩子的成长经历，这位姐姐终于明白，家长不能带着自己的“剧本”去设计孩子的教育之路。只有尊重孩子的特点，因势利导，才能获得最佳的成果。

父母观察孩子的特点，主要可以从以下两个方面入手：

（1）孩子的天资。就是观察孩子擅长做什么，和同龄人相比，孩子学什么比较轻松。

（2）在什么样的环境中，孩子最容易发挥自己的优势。

在上面的例子里，姐姐的孩子最突出的优势就是能熟练使用电脑软件来完成设计。他能洞悉用户的需求，用想象力和电脑制图来交付成果，可一旦涉及生活中看不见、摸不着的抽象的学术概念，或者是阅读大篇幅的文字，孩子就容易犯怵。他的这个特点导致他在学校传统主科里的表现很一般。而到了设计大学，学的内容是他热爱的，学的方式又是他擅长的动手实践，完美匹配他的特点，效果自然好。

爱因斯坦很精辟地总结了获得教育成功的真谛，他说："每个人都是天才，但如果你以爬树的本领来判断一条鱼的能力，那他终其一生都会以为自己是个笨蛋。"作为把孩子带到这个世界上的父母，一定要尊重孩子的天资和禀赋，创造机会和环境让孩子的优势能够表达出来。

二、明确家庭的"教育观"

观察过往十年时间我深度互动的数百个中国家庭，发现在选择教育的道路上，不同家庭的"教育观"差别很大。但是，成功的案例往往具备两个一致：家庭内部对孩子的教育意见一致；父母为孩子选择了和家庭教育观相一致的学校。

有的家庭，父母双方对于孩子教育之路的选择想法不一致。爸爸认为自己的孩子必须是"人中龙凤"，所有教育的安排都要朝着这个方向努力。妈妈平时带孩子的时间长，觉得孩子只要能做一个幸福的普通人就很完满。可以想象，夫妻之间的意见分歧，造成孩子在中间摇摆，让家庭教育活动的安排缺乏连贯性和一致性。

教育之路的选择有很多种，但每一条教育之路能走好的关键因素是要实现这两个一致。两个一致，确保孩子的父母和学校能组成一个团队，朝着共同的目标高效前进；两个一致，也保证了有限的资源能用在前进上，而不是在矛盾和拧巴中消耗了大量的精力和时间。

因此，建议家庭中的夫妻双方能充分交流，形成统一的家庭教育观，并且在有意见分歧的时候，能明确以谁的意见为主。然后，孩子的父母再共同为孩子选择一所和家庭教育观一致的学校，家校配合共同完成教育孩子的使命。接下来，将把家庭教育观的几项核心维度进行拆解，帮助读者去思考适合自己家庭的教育之路。

父母的教育观可以拆解为四个方面：

1. 对子女教育的重视程度

重视子女教育的家庭非常认可接受好的教育对孩子一生的积极促进作用。他们往往在孩子还小的时候就进行早期教育和培养，进入学龄阶段之后，关注孩子每一步升学和择校决定，同时看重孩子对校外时间的利用，父母会投入时间在假期陪伴孩子。我的观察是，在这样的家庭，孩子父母往往也是通过上好大学实现了自己的目标。所以，这部分家长对于接受好的教育会产生“路径依赖”，愿意为子女教育投入时间、精力和金钱。

但是也有家长认为教育，尤其是学校教育，对孩子的成才只能起到有限的作用。孩子的成功主要依靠社会经验的积累。早点进入社会进行历练，学习待人接物，早点建立自己的人际关系，才是对孩子真正有帮助的。这样的家庭可能不会在孩子的教育上投入过多的资源。

对子女教育重视程度的一个直观的衡量标准是孩子每年的教育经费占家庭支出的百分比。家长也可以记录家庭的教育开支，观察每年占比的变化。

2. 教育目标

对孩子的教育目标，不同的家庭也有不同的选择。有的家庭认为孩子的成才与否，主要看孩子考上了什么样的大学。这是以孩子 17 岁、18 岁拿到的大学录取通知书作为主要参考标准。清华、北大、复旦、上海交大、浙大、常青藤名校、牛津、剑桥肯定是让人向往的，接下来其他的“985”“211”，美国前 50 大学，英国的帝国理工、伦敦大学学院、伦敦政经，还有其他国家的世界大学排名前 100 也是非常好的结果。

有的家庭更加务实，相比于孩子拿到哪所大学的文凭，他们看中的是孩子大学毕业之后的就业前景。第一份工作能提供什么样的平台、起薪如何、这份职业的未来前景如何，是这类家长最关心的。

还有一部分家长对于孩子考学和就业都没那么在乎，他们最看重的是孩子在成长的过程当中是不是快乐，眼神中是不是一直有光。选择这个目标的家庭最好能具备给孩子托底的实力，并且从始至终坚持这个目标，不要前面“快乐教育”，到了高中又觉得孩子要冲击前 10 的大学，这会给孩子造成困扰。

无论是以升学结果、就业前景为教育目标，还是以孩子的快乐为教育目标，都是可以的。理想的情况下，做父母的希望孩子这三种目标都能实现。现实情况是，孩子的天资可能属于正常范围，父母也不可能投入无限的时间、金钱和资源，那就得突出重点，确保实现家庭首要的教育目标。

3. 参与程度

不同家庭对子女教育“亲力亲为”的程度差别很大。家长亲力亲为的程度，决定了这个家庭从多早开始需要借助外力来实现子女教育的成功。

父母可以判断一下自己是“掌控型”家长，还是“全局型”家长。“掌控型”的家长乐于和善于把握孩子教育的每一个细节。他们会陪孩子落实每一天的阅读时间，登录孩子学校的系统关注每一科成绩的变化，并和孩子学校的老师以及课外辅导班的每位老师保持顺畅和积极的沟通。他们管理孩子的教育过程的颗粒度很细。

“全局型”家长更乐于把握孩子教育的大局，凭直觉和经验去做选择，为孩子匹配合适的教育资源。他们更愿意确保孩子发展的大方向不跑偏，对于孩子每一天放学回来后时间的安排和习惯的落实，并不是很擅长和乐于去管理。

了解清楚自己是哪种类型的家长，有助于家长去寻找和匹配适合自己家庭情况的学校和校外教育资源。如果认为自己是一个“全局型”家长，孩子的自我管理能力也不是很高，建议最好找一个家长信任的、管得很细的学校或者校外老师来辅助完成孩子的教育过程。

还有一种情况，是由于亲子关系的紧张，家长想亲力亲为，却遭到孩子的拒绝。这种情况一方面需要缓解亲子关系，一方面也要开始借助外力来支持孩子。

4. 家庭的文化价值观

家长要判断一下自己家庭的文化价值观，是偏保守，还是很开放？家庭的文化价值观对于孩子选择教育路径和择校的影响至关重要。

以低龄留学为例，很多家长奔着本科升学率，早早把孩子送到国外的寄宿制高中。没有预料到孩子在寄宿高中开始了所谓的“性别探索”，这对父母而言很难接受。我接触过的极端案例，是孩子在国外寄宿学校读完中学后，已经基本无法和父母好好沟通。因为孩子长期在国外，父母生活在国内，双方都很难理解对方的处境，父母对孩子在国外接触的信息和人也全然不知。最后，孩子患上了严重的心理疾病，只能勉强从高中毕业，家长此时也不得不放弃对孩子升学的追求。

我曾写过一篇公众号文章，叫“家长和国际学校所在的两个世界”，探讨的就是中国家长在选择把孩子送去国际学校时要思考的“文化价值观”的话题。这个话题不是随便聊聊，因为家庭和学校在文化和价值观上的一致性真的会深远地影响孩子的就读体验和最终能获得的升学结果。

三、梳理家庭的择校标准

择校标准是一个家庭教育观最透彻的展现。不同家庭的差别真的很大，对 A 家庭来说一个特别好的学校特点，可能被 B 家庭认为无所谓或者不需要。

细分来看，家庭的择校标准可以分为四个维度：

1. 老师“管得多”好，还是“管得少”好

老师“管得多”，体现在老师会主动联系家长做沟通，而且老师往往不只管学习，还承担德育的责任。有的学校老师不仅教课，还会看着学生完成作业。网课期间，有学校的班主任会在网上盯着班里的同学完成作业。相反，学校“管得少”的表现，是老师一般不主动找家长，但是会回应家长的诉求。学校和老师都认为，要给孩子充分的自由，让他们在自由当中经历失败，并学会如何管理自己。

一般公立学校管得多，招收外籍人员子女的国际学校管得少，民办国际化学校在这个维度上差异很大，要具体看某一所学校偏向哪个风格。

有的家长认为学校老师管得多是好事，说明老师认真负责，而且学校老师管总比家长管更好，这样能让家长省心。还有的家长认为学校管少一点好，这样家庭好来安排孩子的校外时间。

在北京国际学校集中的顺义后沙峪，各个国际学校普遍每年的上学时间 180 天左右。相比较，公立学校在 2023—2024 学年的上学时间是 206 天。国际学校放假时间多出来的 20 多天，就给家庭留出了个性化规划的空间。

2. 学校抓主科好，还是主科和副科都抓才好

学校抓主科，意思就是学校把学生的学习成绩排在第一位。这样的学校特别重视学生的大考成绩和升学率，在重要考试前后都会安排家长会进行动员、复盘和表彰。擅长学习的孩子容易在这样的学校里胜出，学习成绩很勉强的孩子在这样的学校里容易抬不起头，缺乏自信。

学校主科和副科都抓，意思是学校会以一种“全面教育”的理念看待学生，关注他们的身体健康、品格健全和创造力的培养。这样的学校一般会采用“项目式学习”“体验式学习”“社会情感学习”等教育方式来作为传统的以知识教学为主的课堂的补充。这种学校对孩子的评价标准也更为多元，不是只看学习成绩和考试排名。优势不在主科学习的孩子一般能在这样的学校里找到自己发展的空间。

3. 学校重视升学结果好，还是没那么功利好

不同的学校在处理升学结果上的差别也很大。有的学校每一年都会详细地统计毕业班升入名牌大学的比率，组织各式各样的分享活动让拿到名校录取通知书的学生做分享。有的学校并不会专门宣传自己的升学结果，对于孩子们拿到的不同大学的录取结果一视同仁，都为他们取得的成绩庆贺。

有的家长认为不以升入好大学为目标的学校都是“花把式”，没什么用。有的家长认为，以升学率作为自己核心任务的学校，对教育的理解太功利，不利于孩子的长远发展。

4. 学校“洋气”一点好，还是接地气好

家长对于学校的偏好差异也很大。有的家长比较喜欢外教比例高的、外方校长管理占主导的、教学理念偏西式的学校。观察这部分家长往往有过留学体验，或者有在外企、国际组织工作的经历。也有的家长觉得中国的校方管理团队更让人放心，中国老师对孩子更负责，家长也更容易和老师进行沟通。

家长可以梳理一下家庭的情况、教育观和择校观，见表 1.1，就表里面的问题分别作答，一起交流，达成一致。明确自己家庭的需求后再进行择校，不容易偏离正常轨道。

表 1.1　家庭情况、教育观和择校观

孩子的特点				
孩子擅长做什么				
与同龄人相比，孩子学什么比较轻松				
孩子在什么样的环境最容易发挥优势				
家庭的教育观				
对子女教育的重视程度	认为教育可以极大地影响命运	很认同	中立	不认同
	教育对孩子的成才只能起到有限的作用	很认同	中立	不认同
	每年教育经费占家庭支出的百分比	50% 以上	15% ～ 50%	15% 以下
对孩子的教育目标	大学升入名校	第一	第二	第三
	未来职业前景好	第一	第二	第三
	健康快乐就好	第一	第二	第三
父母对孩子教育的参与程度	能陪伴孩子落实每天的作业和课外阅读	能做到	偶尔可以	没有参与
	关注孩子每科成绩变化，与老师保持积极的沟通	能做到	偶尔可以	没有参与
	为孩子匹配适合的教育资源	能做到	偶尔可以	没有参与
	在假期陪伴孩子	能做到	偶尔可以	没有参与
家庭的文化价值观	偏开放还是偏保守	偏开放	中立	偏保守
家庭择校标准	老师“管得多”还是“管得少”好	希望老师管得少	中立	希望老师多管
	学校把学习成绩放在第一位，还是更倾向多元评价系统（重视学生全方面发展，关注学生的品格健全和创造力）	倾向多元评价系统	中立	希望成绩放第一位
	学校重视升学结果好，还是没那么功利好	希望不那么功利	中立	重视升学结果
	学校“洋气”一点、外教比例高、外方校长占主导好，还是中国管理团队及老师更放心	倾向外方师资团队	中立	倾向中方师资团队

第三节　国际教育规划路线图：从小学到高中的顺畅留学之路

经常有家长来问：孩子五年级，打算本科留学，现在需要做哪些规划？孩子上初中了，能感觉到开始进入倒计时了，却不知道从哪些方面下手去抓。

以到国外大学读本科为目标，在国际教育之路上的每个学段，家长都需要关注哪些重点？有哪些抓手？提出这些问题的父母其实已经具备了基本的规划意识。尽管每个家庭的教育之路风格会有不同，对于关注子女教育、希望孩子能获得世界大学排名前 100 录取结果的家庭，从小学到高中分学段的目标和关键结果，要尽可能地帮助孩子落实。

这些家长知道人的发展是环环相扣的，为了能够在高中最后的冲刺阶段获得期待的升学结果，就需要从更早的时候，孩子还在小学和初中就进行相关的布局。

发展心理学家认为：人的成长和发展是一个连续的过程。对于孩子，他们在每个阶段都有典型的特征和要面对的发展任务。前一阶段的学习和积累的经验会影响孩子在后一个阶段的发展。

在陪伴学生成长的一线，经常会观察到这样的现象：为什么感觉孩子在小学阶段足够优秀，到了初中就变得很普通了？还有的孩子在初中看着很一般，但是到了高中一下子变得很突出。其实这些问题，都可以从发展心理学的视角来解释。从小学到初中，孩子学习的学科变多了，知识的内容开始从具体变得抽象，这个时候就能看到哪些家庭在小学阶段给孩子打下了合格的学习基础和过硬的学习习惯。在小学和初中都抓住了要点的学生，在步入高中以后，会顺理成章地收获果实。这些果实包括，孩子在更大的学习压力面前可以从容地处理多项任务，优异的学习表现能让孩子学有余力，在校外追求更高级别的学术科研活动，并在学校承担重要的学生领导的角色。

下面一起来看看，在每个学段，与孩子的发展紧密相关的学业规划需要如何管理。可以把学段分成三个阶段：小学一到六年级，初中七到九年级，高中十到十二年级。

一、小学一到六年级

小学一到六年级，是孩子进入学龄期的最初六年。这时的学业压力并不大，是养成学习习惯的最好时间。在教育心理学领域，学习习惯通常被当成“隐形的课程”，因为很少有老师和学校会专门教授孩子学习习惯。虽然少有人会教，但是这项隐性的课程会给孩子的学业发展带来显著的长尾效应。好的学习习惯，能让孩子在初中和高中的学习中极大地受益。

家长在小学阶段要帮孩子建立的学习习惯主要有四个：

1. 延迟满足

延迟满足体现在每天放学之后，在短暂调整之后让孩子养成先写作业再玩的习惯。延迟满足是一项重要的自我控制能力，而自我控制的能力和一个孩子在未来能获得的成就联系紧密。

在发展心理学领域，有一个影响深远的研究，叫作“棉花糖实验”。研究者把孩子带进一个单独的房间，让孩子坐在椅子上，面对桌上放着的一块棉花糖。这时，研究者会告诉孩子，如果可以等待 15 分钟，而不吃掉眼前的这块棉花糖，将会在过后获得两块棉花糖的奖励。随后，研究者离开，到旁边的房间进行观察。

这时候，会看到有的孩子无法控制自己的冲动，研究者离开房间后就立刻吃掉了棉花糖。还有的孩子把头转向旁边，或者用手捂住眼睛，想尽各种办法让自己不去吃这块棉花糖。

主导这项研究的心理学家后来对参与实验的孩子进行了长期的追踪研究，发现能够延迟满足的孩子在后来的生活中表现出更好的自我控制，获得了更高的学术成就和社会适应性。后来又有更多的研究者也得出了相似的结论，即自我控制和延迟满足对于个体的长期发展和成功非常重要。

2. 阅读习惯

对于阅读能如何让孩子受益，已经有非常多的论证。当代的家长们普遍认识到阅读的重要性，但是家庭和家庭之间的差别在于是否坚持落实每天阅读这件事。

每天在放学回家后都能完成课外书的阅读，这项阅读的活动能坚持下来并不简单。从习惯养成的角度，最有助于建立一个新的习惯的方式，就是明确“固定时间”和“固定场景”，从而让这个行为不经思考地发生。比如每天睡前，家长和孩子在家里舒适的角落共同阅读一本书。在这里，固定的时间是每天睡前，固定的场景是家里一个舒适的角落，在书房、在卧室都可以，关键要固定下来。

我曾听到一位妈妈分享心得，她在家里的二层做了一个阅读空间，放上舒服的椅子和恰到好处的灯光。每天晚上 9 点，当两个孩子都完成学校的作业之后，她和孩子一起来到这个空间里，各读各的书。在坚持了几年以后，等到大儿子进入初中阶段，他已经可以和妈妈共同阅读一本比尔・盖茨年度推荐书单里的书。儿子读英文版，妈妈读中文版，两个人读完之后还能互相讨论和交流，真是让人羡慕。

3. 对时间和任务有条理的梳理

条理性体现在回家后，和孩子一起安排当天的任务，预估每项任务完成需要花的时间，并排好完成任务的先后次序。最后按照计划执行，完成一项划掉一项。

小学作业不是很多，有些家长会疑惑，这样循规蹈矩地梳理每天的学习任务有必要吗？其实，有条理地梳理每天放学之后的时间和任务是在锻炼孩子大脑的“执行功能”。人的大脑前额叶，就是脑门后面的部分，是大脑的CEO，负责给面对的各项任务做轻重缓急的分类。对于重要的任务，帮助集中注意力完成。大脑前额叶是整个大脑最晚成熟的一个区域，一般人需要到成年之后，这部分才能发展成熟。但是，每一次带领孩子进行任务和时间的梳理，都是在帮助他们发展大脑的执行功能。

到了高中，当学业要求变得复杂，孩子不得不多线条处理动态变化的任务时，拥有更强的执行力的孩子，会更加游刃有余。

4. 复习

让孩子从小养成复习的习惯，体会“温故而知新”的乐趣，并且明白对知识的透彻理解并不是一步就达到的，而是在一遍又一遍的复习中，学会融会贯通、活学活用。

当听到有家长不断对孩子说“你很聪明，就是不努力”时，我很惊讶。聪明仿佛成为孩子不需要在课后进行复习、在考试后进行复盘，不用努力获得精进的“挡箭牌”。

这种话会给孩子灌输这样一种思想，“因为我足够聪明，所以学什么都能一遍通过”，而随着孩子年龄的增长、学习知识难度的增加，这个思路的危害会越来越大。

近 50 年对教育心理学产生最大影响的是“成长型思维”研究。斯坦福大学心理学教授卡罗尔·德韦克[①]经过长期的实验和跟踪，发现认为自己可以通过不断努力和调整策略来提高自己的表现水平的孩子，最有可能在长期的发展中获得卓越的表现。而认为自己很聪明的孩子,往往不愿意付出更多的努力。因为付出更多的努力，就意味着他们不是“一遍就能通过”的聪明孩子。事实上，这世间真正伟大的成就无一例外都需要长期耕耘和不断突破自己。

上面讲了四条在小学阶段要养成的学习习惯。其实，小学阶段除了学习习惯，还需要关注核心学科的基本功，如数学里四则运算的练习、汉字的书写以及英文单词的拼写。有家长问,现在的国际课程考试都让孩子使用计算器,练四则运算的意义是什么？其实，四则运算除了让孩子学会算数，更重要的是让他们学会尊重运算的规则。比如，先处理括号里的加减乘除，再处理括号外的算术。对运算规则的掌握，不仅影响数学的学习，其效果还会溢出到孩子其他学科的学习中，如科学和信息学。

二、初中七到九年级

初中阶段，孩子的学业科目增多，同时，学习的内容也从具象、可感知的内容过渡到抽象的学术概念。这个时候恰逢孩子经历青春期，属于动荡较大的时期。

在初中阶段，非常鼓励家长带孩子尽可能多地去接触真实的社会。现在的孩子接收到的信息非常多，但是体验真实社会的机会特别少。他们对社会很好奇，但对社会的认知又像空中楼阁一样。家长带孩子去体验真实的社会，比孩子片面地从网络上获得信息要更可靠。

鼓励家长在初中阶段带孩子去体验社会的另外一个原因是，在初中不能再把孩子当作宝宝一样去呵护了。孩子需要走出家门,去探索一个更大的世界。

---

① 卡罗尔·德韦克，是美国最具影响力的教育心理学家之一。其著有《终身成长》，占据美国亚马逊心理类畅销榜 10 年之久，累计印量 180 万册。

中学阶段一结束，孩子们就面临选择大学的学习方向。这个时候从未接触过社会的孩子往往迷茫，无从下手。如果读的书再少的话，更是没有任何想法。选择专业是一项“体验式学习”，孩子只有体验过、见过，才会有直观的感知。

有的家长会问，有哪些带孩子接触社会的机会？比如，可以尝试带孩子参加家长和客户或者合作伙伴的面谈，让孩子感受父母工作的状态。假期可以带孩子去旅行，不是度假式的消费型旅行，而是真实体验社会的旅行，住在当地人家里，感受和平常不一样的生活方式，让孩子理解这个世界。

北京四中的王老师培养出同时获得北京大学和帝国理工大学录取的优秀的儿子。王老师在分享成功经验的时候就讲到孩子学校上午刚放假，下午她就带着孩子到了火车站，准备开启假期的旅行。这才让她的孩子实现了兼顾学业的优秀和广泛涉猎各种兴趣爱好，真正落实了“孩子不要圈养而要以天下养”的育儿策略。

初中阶段在学习方面，家长可以关注两件事：一是孩子在核心学科英语和数学上的表现。因为孩子在这两科里的表现，可以预测孩子在国际教育高中阶段的学业和标化考试表现，并且影响孩子的大学专业选择。二是继续落实和加强孩子的学习习惯，尤其是做复习的习惯和条理性的习惯。顺利的话，这个阶段并不需要家长像小学时期一样带着孩子做。家长可以在旁边看着他们做，并在他们需要的时候提供支持。如果孩子已经掌握这些习惯，就可以放心地让孩子自己去做。

在初中阶段，孩子从小投入练习的兴趣爱好也能开花结果了，无论是体育、音乐、美术、戏剧，还是机器人、棋类、编程。对于投入三年以上的兴趣爱好，要鼓励孩子参加一些比赛。参加比赛不只是为了拿奖，也是经历一段为了一个目标全神贯注、奋力拼搏的过程。

很多孩子到了初中阶段都会追求更大的自主性和独立性，如果他们能做成一件在同龄人的小圈子里被看作是了不起的事，对他们树立自信心会起到巨大的推动作用。

有名学生，她在六年级的时候看起来普普通通，父母也找不到孩子优秀的点，陷入了迷茫。评估下来之后，发现孩子确实没有长期坚持的体育或者是艺术爱好，但是她在英文的学习上一直保持不错的成绩。于是，老师就鼓励她在六年级结束之后准备了托福考试，一开始的时候只有不到60分。但是由于英文底子不错，在熟悉了托福考试的题型和要求之后，她在第一阶段的学习结束之后，很快达到了80分。后来的提分速度放缓，因为要真正冲击高水平的分数，需要孩子调整自己的做题习惯，仔细抠细节。这对她来说是一个不小的难题。在精准评估她的学习情况，并调动托福老师给她恰到好处的指导和不断动员跟鼓励之后，她在七年级上学期快结束的时候拿到了托福111分（满分120分）的成绩。这让她被同学刮目相看，此后，她跟很多国际学校里的同学分享了她的托福学习经验，这也是这名学生第一次体验做“学霸”。

鼓励初中阶段的家长评估一下，在孩子过往投入时间学习的科目和兴趣爱好里，有哪一两项能够阶段性地做出一些成绩。家长可以让孩子全力以赴投入一些需要跳着够一够的小目标，让孩子体会做成一件事的成就感。

三、高中十到十二年级

高中阶段是大学升学之前的冲刺阶段，时间紧、任务重。在高中阶段开启国际课程的学习，孩子们需要适应新的节奏和要求。同时，在高中十到十二年级，孩子们需要做出可能会影响他们未来10年发展的大学的择校和专业选择。即使在前期的小学和初中阶段没有规划意识的家长，到了高中阶段也积极地投入为孩子找方向的过程。

高中最后三年的主要任务：

高一（十年级）：孩子在这一年要做出对于大学学习方向的大类选择，就是说在文科、理科、工科、商科、艺术这五个大学学习方向里，做出一个选择。这个选择并不是不能变，而是说在这个时间节点，家长和孩子需要做一个有倾向性的选择。因为孩子在十年级会面临国际课程的选课，而国际课程的选课和大学能报考的专业有一定的相关性。例如，报考工程专业就需要孩子在高中国际课程的选课里，选择高难度的数学和物理相关课程。同时从十年级开始，孩子的时间更加有限，把宝贵的时间投入与专业方向相关的背景提升活动，也需要做取舍。更多专业选择的内容，会在第五章详细介绍。

高二（十一年级）：在这一年孩子面临各项考试，包括国际课程的考试、美国高考（SAT① 或 ACT②）的考试、英语语言考试。每一项考试都需要认真对待，这一年的成绩会直接影响孩子能报考哪一个梯度的大学。在这几项考试顺利出分的前提下，学有余力的孩子还会安排与大学专业相关的校外科研项目，或者去国外大学参加有含金量的夏校。十一年级的学生往往还会承担学校社团和学生组织的核心领导任务，需要带领学弟、学妹完成活动的策划和组织。

高三（十二年级）：对于在国际赛道里的学生，高三这一年的压力分配并不均匀。10 月至次年 1 月是大学申请季，孩子们面临同时兼顾校内学业、课外活动和完成申请大学的各项工作。这四个月可以说是整个高中生压力最繁忙、最紧张的一段时间。大学录取的放榜从 12 月一直持续到次年 4 月，收到满意录取的孩子的压力会减轻至少 50%。剩下的任务就是完成国际课程的大考。国际课程大考的时间在次年的 5 月，最终的成绩将在次年 7 月公布。

表 1.2 是以本科去国外读大学为目标，孩子在小学、初中和高中三个学段中要聚焦的任务。

---

① SAT，美国大学入学考试，俗称“赛达”，由美国大学理事会拥有、开发和出版，第一次考试于 1926 年举办。

② ACT，另一项美国大学入学考试，由非营利组织 ACT 考试委员会负责组织和管理。

表 1.2　从小学到高中的分学段目标

<table>
<tr><td rowspan="5">小学一至六年级</td><td rowspan="4">学习习惯</td><td>①培养延迟满足</td></tr>
<tr><td>②坚持课外书的阅读</td></tr>
<tr><td>③培养管理时间和任务的条理性</td></tr>
<tr><td>④培养复习的习惯，温故知新</td></tr>
<tr><td colspan="2">语文、数学、英语的学科基本功</td></tr>
<tr><td rowspan="4">初中七至九年级</td><td colspan="2">①关注数学和英语学科表现</td></tr>
<tr><td colspan="2">②带孩子体验真实的社会</td></tr>
<tr><td colspan="2">③落实和加强学习习惯</td></tr>
<tr><td colspan="2">④通过拼搏，让孩子实现一件有成就感的事情</td></tr>
<tr><td rowspan="6">高中十至十二年级</td><td rowspan="2">十年级</td><td>①国际课程选课</td></tr>
<tr><td>②选大学专业方向（专业大类或具体专业）</td></tr>
<tr><td rowspan="2">十一年级</td><td>①标化考试出成绩</td></tr>
<tr><td>②参加具有含金量的背景提升项目</td></tr>
<tr><td rowspan="2">十二年级</td><td>①完成申请大学的各项任务</td></tr>
<tr><td>②参加国际课程大考</td></tr>
</table>

第四节　追求更高：普通孩子考取世界名校的制胜法宝

第一节已经介绍过国外大学在申请难度上是分层次的。美国前 30、英国前 5 以及新加坡前 2 的大学，这 37 所大学是入学申请难度最大的。假设家长和孩子期望冲击这 37 所大学之一，那么在整个规划过程中，需要特别关注三个要点。

一、在任何时候，学业成绩是基石和前提

对于申请第一梯队学校的学生而言，学业成绩是基石和一切的前提。但对于学业成绩的理解，与通常对分数的追求是不大相同的。

为什么说学业成绩是基石？因为顶级的海外大学在面对入学申请时最基本的考量就是这个学生到了大学后能否顺利完成学业。因此，对于国际教育之路的学生而言，在任何时刻都不可放弃对学业成绩的追求。如果不是走体育特招生的路径，更不可以因为课外活动繁忙而放松对课业成绩的要求。

有部分家长认为走国际教育的路径就是“快乐教育”，孩子的成绩差不多就行。走国际教育之路，会给孩子进入国外名校的可能和更多元的选择，但这条道路绝不是对孩子没有要求的。对崇尚“快乐教育”的这部分家长，我建议提前了解一下认为差不多的升学目标，以及现在对孩子高中学业成绩的具体要求是什么。因为大学录取这个领域受学龄人口、大学的变化等因素影

响，每一年都在发生变化。举个例子，纽约大学在 10 年前还是普通学生都能够得着的大学，是冲击常青藤学校的学生落榜之后才会选择的大学。2014 年，纽约大学一共收到 50 804 份大学申请，当时的录取率是 35%。到了 2023 年，纽约大学的录取率已经降到了 8%，申请的数量增加至 120 000 份。

美国前 30 和英国前 5 的大学，都是以国际课程最高水准的成绩作为标准来录取学生的。对于孩子的学术要求，一点儿也不会放水。除此之外，这些学校对于孩子在校外的学术追求也有要求。例如，牛津大学和剑桥大学会安排和专业相关的笔试和面试，由大学教授直接给学生出题，让学生现场作答。哥伦比亚大学在申请表中要求学生上传正规的学术研究论文。假设学生在校内成绩一般，更没有余力去追求校外的深度学习，那么冲击这类大学是很困难的。

国外大学多是从学术是否达标的角度来衡量学生。例如，在托福考试中，105 分和 108 分在招生官员眼里都差不多，都代表学生具备了到大学里用英文学习的基本能力。所以，家长对于孩子在国际教育道路上的考试要关注，但关注到分数达标即可，不必为几分之差让孩子频繁刷分。

二、从孩子的优势出发，扬长避短

在国际教育道路上，为了让孩子能够冲击顶级大学的录取，家长一定要摒弃“木桶思维”，即一个木桶的盛水量是由短板来决定的。

家长并不需要为孩子去补齐每一个短板，而是要考虑孩子相比于同龄人最突出的优势是什么，从优势出发来找规划的方向。

为什么这么说呢？因为对于顶级的大学来讲，招生录取是在塑造一个班级。大学期待这个班级里的学生具备相近的卓越学术水平和求知欲，是对这个班级孩子的共性要求。在此基础上，不少大学期待每个孩子擅长的学科、兴趣爱好、文化背景各有不同。当把这样一群孩子放到一起时，“同伴之间”的学习才有最大可能发生。

不少大学不认为学生在进入大学后，只能在课堂里听课，跟教授学习。这些大学认为，发生在室友之间、球队的球员之间、俱乐部的成员之间，甚至食堂里就餐在一个餐桌上的谈话都是学生宝贵的学习机会。为了让这样的学习发生，大学的目标是招收一批聪明但各有不同的学生们，让他们在一起，高能量互碰，产生思维的火花，彼此刺激、追求更高的目标。因此，这个班级里要有诗人、哲学家和作家，也要有好奇宇宙奥秘的未来天文物理学家、立志研发药物给病人带来希望的科学家，能发现和制作高端材料的材料学家，还要有热衷分析货币政策的经济学家以及希望提高女性社会地位的社会学家。

所以，在规划的过程中，家长一定要考虑自己的希望和孩子的特点，打造具有“鲜明标签”的孩子。千万不能让孩子人云亦云，让孩子的申请材料被人看过就忘记。要有自己鲜明的优势，并且让这个优势辐射到申请材料的每一个角落。

在孩子的低龄阶段，家长可以带孩子去探索和尝试很多种不同的兴趣爱好和体验，创造这样的机会，是为了能够让孩子展现出优势和特点。一旦这个优势被发现之后，家长就要去研究这个优势领域的具体发展路径是什么，在哪个阶段通常会遇到瓶颈，都有哪些重量级的国内和世界级赛事及机会可以让孩子同高手切磋学习，以及培养这项优势每年需要投入多少，是不是自己家庭可以承受的。

例如，想让孩子在机器人领域塑造优势，可以了解在国内能够参加的机器人比赛有哪些，这些比赛中一个团队的孩子会如何分工，在孩子开始打高水平的比赛之前需要做哪些先导性的学习，在这个领域孩子每周、每年需要投入多少时间进行学习，一般在开始的第几年后会有一个能力和素质上的飞跃，以及这个特长可以帮助孩子申请什么样的大学专业。

一旦和孩子确定了在这个优势方向上进行培养，就不要轻易放弃。尤其是度过了早期的学习，孩子进步很快，但到了瓶颈期之后，孩子就容易想放弃。这个时候家长一定想办法帮孩子重新调整、树立信心，直到孩子获得了值得庆贺的小成就，在尝到了甜头之后愿意继续坚持下去。

三、学会适当放手，给孩子留出成长的空间

对于在国际教育赛道上的家长而言，一定要学会适当放手，给孩子留下成长的空间。

不少家长很早就给孩子树立了海外名校的升学目标，从小就安排了各种各样的辅导班，让孩子没有休息的时间。其实，休息、留白和所谓“无聊的时间”都是孩子进行自主探索、自己发现问题和解决问题的时间。我不止一次听到美国高中的面试老师说，他们最怕听到的面试回答就是，当他们问一个来面试的学生在空闲时会做点什么时，学生的回答是自己没有空闲。再问学生为什么练钢琴或者学画画？学生回答这是我妈妈安排的……

这些回答给招生老师留下的印象就是这个孩子其实是“一个木偶”，父母永远拴着两根线摆布孩子的一举一动。这是非常可悲的。招生老师想看到的是孩子能够具有好奇心和自己的思考。而安排好一个孩子全部的时间，不给孩子留下“发呆的时间”，无异于在消磨孩子的好奇心和独立思考的能力。一定不要为了追求更高的效率，而让孩子丧失最宝贵的好奇心。

前不久，我们回访了一名曾经带过的学生，他现在在帝国理工大学读生物医药工程专业。去英国读大学之前，他在美国加州的一所高中读了四年。在这期间，他连续四年参加学校的机器人队，作为学生代表参加学校招办的工作，为新来的同学做引导，还作为唯一的中国孩子被选入学校的橄榄球队。

我们问他：“你认为你的家庭在培养你的过程当中做的最重要的一件事是什么？”这名学生回答：“我的父母不怎么管我。”

当然，他所说的“不管”，并不是父母不给他支付学费，或者在情感上冷漠他。他所说的“不管”，指的是他的父母并没有过多干涉他安排自己的时间，

并为自己的未来做出选择的自由。他说，他的父母在他上高中以后就跟他说："你以后要走的路是我们所不熟悉的，所以你要自己去做探索。"这名学生也像父母所期待的，在高中时尝试了各个学科、各种各样的活动，经过探索得出来的结论是自己最适合读工程。

在现实生活当中，有太多的家长一心想要给孩子铺路。孩子的每一步都是通过父母精心设计的，由父母做前期的铺垫。家长的用心良苦实在让人感动。同时，也有一些被父母过多干预的孩子容易丧失自主性，没有自己的思考和主观判断。这样的学生很难最后通过顶级的海外大学的筛选。

在国际教育的道路上，孩子要获得成功，家长重要的一项修炼就是学会放手。要理解孩子面对的世界是自己未曾经历过的，要允许孩子选一个自己并不熟悉的专业或者职业方向，要相信孩子可以为自己做出理性的抉择。

当然，明智的选择可能并不是一开始就可以做出的，但是他们一定要通过拥有选择，在一些可承受范围中做错选择，然后从失败中学习如何为自己做选择。

第二章

选对国际教育路径，让孩子真正无缝接轨

在我从事国际教育规划的这 10 年里，被问得最多的就是路径选择的话题。什么时候适合把孩子转到国际学校？这个国际学校好吗？国际课程选哪个最好？到底要不要送孩子去读外国高中？为什么有人说好，有人说不推荐？每次举办讲座和直播，只要涉及择路径、择校、择课程体系的具体话题，一定能吸引很多的家长前来学习。

国际教育路径是不少家长所未曾经历的。因此，在为孩子选择国际教育路径上，家长们总有非常多的疑惑和担忧。有了第一章的理念铺垫，本章希望用最简洁明了的方式为各位家长介绍国际教育路径的内容。

第一节　三大国际课程体系，为留学家庭铺就成功基石

国际课程体系可以直接衔接海外大学，最主流的是三大国际课程，分别是 A-Level、AP 和 IB。这三大国际课程被国外大学所普遍认可。拥有这三大国际课程的文凭或者考试成绩，可以申请海外的大学。这三大国际课程也是在国内应用范围最广的课程，无论是公立学校国际部、民办国际化学校还是外籍人员子女学校，基本上采用的都是这三大主流的国际课程。

还有一些国际学校开设较为小众的国际课程，例如加拿大的 BC 省课程和安大略省的 OSSD 课程、澳大利亚的 WACE 课程等。这些课程在世界范围内的受认可度不如三大主流的国际课程体系，比较适合想去课程对应的国家留学的家庭，这里不做过多介绍。

本节里介绍三大主流的国际课程，让家长从实际出发选择适合自己的国际课程的实用建议。表 2.1 是三大主流国际课程的基本情况。

表 2.1　三大主流国际课程的基本情况

基本情况	A-Level	AP	IB
课程体系性质	英国剑桥国际课程	美国大学先修课程	国际高中课程
对口国家	英国及英联邦国家等 160 个国家	美国为主	英、美、澳、加等 140 个国家

续上表

基本情况	A-Level	AP	IB
高中课程学制	两年时间完成：第一年是 AS 年；第二年是 A2 年	学制没有限制，最早可以从八年级开始学和考。需要注意的是 AP 并非文凭课程，需要匹配高中文凭才能申请大学	高中课程 IBDP 两年时间完成：第一年是 DP1 年；第二年是 DP2 年
课程特点	与国内的高考体系有相似性，想要拿到高分需要学生投入大量的时间刷题。对从国内的公立学校转到国际教育的学生而言，如果学科的基础不错，是可以很快上手的。特别是从公立校转出来的理科学生，可以通过选 A-Level 的数学、物理、化学这几门课拿到 A+ 的高分	灵活性最强。AP 一共有 39 门课，想选几门、学什么难度的、一年学几门、在高中哪一年学，这些都可以根据自己的情况来安排	国际化、全面、门槛高。注重学生对于求知过程的反思，培养终身学习者和具有反思精神的人
英文要求	较强	较强	最强
对老师的要求	较高，师资充裕	较高，师资充裕	最高，师资较不充裕
学生是否可以自主选课	可以	可以	六组课程都要读，但是课程难度学生可以自主选择
课程设置	A-Level 课程一共有 57 门，其中科目的种类非常丰富，在传统的英文、外语、数学、科学、社会科学、艺术六大门类之外，还有会计、古典学、旅游学、社会学、媒体研究、法律等学科的课程	一共有 39 门课程供学生选择，涵盖英文、数学、自然科学、社会科学、第二外语、艺术等六个学科大类	IBDP 课程包含六大科目组 + 三大核心课程 六大科目组 ①语言 A（母语） ②语言 B（习得语言） ③个人与社会学（哲学、心理学等） ④科学（物理、化学、生物等） ⑤数学 ⑥艺术（音乐、戏剧、视觉艺术、电影等） 学生需要从 6 个科目组中各选一门进行学习，其中艺术为非必选 三大核心课程 ① TOK（认识论） ② EE（拓展论文） ③ CAS（创意行动与服务）

续上表

基本情况	A-Level	AP	IB
评估方式	考试为主	考试	多样的考试形式和论文
成绩划分	A*、A、B、C、D、E、U，A* 为最高等级，U 表示未达到最低评分标准	AP 考试的标准分是 1 ~ 5 分，5 分为最高，4 分及以上可以在大学兑换学分	1 ~ 7 分，7 分最高。单科满分 7 分，6 门总分 42。知识理论和拓展论文各拿到 A ~ E 的评分，最多可获取额外 3 分。IB 满分合计为 6 × 7+3=45 分
考试时间	每年有两次考试机会：一次在 5 月到 6 月；第二次在 10 月到 11 月	每年五月的第一周和第二周，是全球 AP 统考的时间	北半球，每年 5 月 南半球，每年 2 月
申请顶尖大学要求	申请顶级英美大学要三到四门 A 等级 A-Level 课程	5 ~ 6 门 AP 课程拿 4 分以上的成绩	获得 39 分以上的预估分（满分 45 分）
能否单独报考	可以	可以	不可以，必须在 IB 学校才可报考
适合哪些学生	①选课自由，偏科生友好 ②适合从国内公立学校转到国际教育，学科基础不错的学生，想拿高分需要学生对所学知识掌握得很扎实，大量刷题 ③想去英联邦国家留学的学生	①选课自由，偏科生友好 ②想去美国留学的学生	①文理兼修，不严重偏科 ②中文素养、英文素养双修 ③活学活用，善于反思 ④英文水平过硬，高一托福分数 80 分 + ⑤低龄的学生和尚不确定留学国家的学生

一、最具国际范儿的 IB 课程

首先来看最具国际范儿的 IB 课程。可用三个关键词来概括 IB 课程的特点，分别是国际化、最全面、门槛高。

1. 国际化

IB 课程是一套真正的国际课程。当家长在为孩子选择国际教育的时候，需要考虑让孩子接受某个欧美国家的教育，还是接受真正的国际教育。

比如，把孩子送到美国读初中和高中，孩子在学校里学的就是美式的课程，所以就没办法在学校里继续学习中国的语言、文学和历史。美高开设的AP中文课程是面向美国孩子的对外汉语课，中国孩子学起来味如嚼蜡。孩子需要学习美国历史课，美国历史是美高的必修课，去任何一所美高都得上这门课。

为什么说IB课程是一套真正的国际课程？是因为选了IB，孩子并不需要在母国和他国的语言和文化之间二选一。IB高中阶段的DP课程包含六组课程，其中第一组是母语的文学和语言课程，第二组是外语的文学和语言课程。一个学生若想拿到最后的IBDP文凭，第一组和第二组课程都得选。这就使得孩子可以继续中文语文的学习，同时掌握另一门语言和文学。我带过的很多IB学生都能拿到IB颁发的中文和英文的双语证书，说明孩子的中文和英语都达到了母语级别的熟练水平。他们到了大学既可以用英文做高水平的学术交流，也可以展现自己的中文素养和中国文化风采。更重要的是，这可以让这些孩子在留学之后回国生活和工作，做到既“出得去”也“回得来”。

2. **最全面**

IB课程的全面性主要体现在两方面：

一是学科全。前面提到IB课程的高中文凭需要学生在六组课程中每一组选一门，一共选六门课程。这六组课程囊括母语、外语、数学、科学、社会科学和艺术，基本覆盖了学科的大分类。除第六组艺术类课程非必选，其余五组课程每名学生都得选。而且这六门课程的分值是一样的，每门课程的满分都是7分，这样6门课程的总分是42分。每门课程成绩计入总分时并没有权重上的差别。学生要想在IB的高中课程中拿到40分以上的高分，就不能有特别明显的学科短板。偏废在6门课程中的任意一门课上，都会影响总分。

二是IB课程在要求学生掌握某一门学科知识的同时，还强调让学生获得这一门学科的思维方式。IBDP课程的评价标准分为四个层次：Criteria A、Criteria B、Criteria C、Criteria D。这四个层次中，只有第一个层次Criteria A考查学生对于知识和概念的理解。其余三个层次分别是分析及应用知识、综合及评估知识、使用与学科相关的技能。可以说，这四层标准完整覆盖了一个人从接触新知识到能活学活用形成学科思维的全过程。IB 课程还非常强调学生对于求知过程的反思。例如，在美术课上，学生不仅要完成几幅画作，他们同时还得做一本笔记，用来记录自己创作的过程以及如何受到其他艺术家作品的灵感启发。

3. 门槛高

在平时接待家长咨询的过程中，发现 IB 课程对于学科思维培养的重视是特别受到国内一批高学历、高认知家长认可的。有一位曾在哈佛医学院和约翰霍普金斯大学进修过的家长告诉我，IB 对于思维和认知过程的引导，特别像她在美国研究生院学到的研究方法和反思。实际是这样的 IB 课程的设计确实高屋建瓴。这套课程希望培养的是终身学习者和具有反思精神的人。我们带过的学生里面，高中学过 IB 的学生到了大学适应起来也是相对较轻松的。

IB 课程水平这么高，不难想象这套课程的落地其实对老师的教和学生的学都提出了非常高的要求。这套课程对于任课老师的学科素养和教学能力设立了很高的门槛。一般的老师只要能讲解清楚学科的知识就算合格了，IB 课程的老师需要具备很高的学科素养，并且能够从认识论的高度对学生的思维进行引导。国内开设 IB 课程的学校里，最稀缺的资源就是真正领会 IB 精神同时具有较高学科素养的老师。

同时 IB 课程也不是一般的孩子都能上手的，能学好 IB 课程的学生，通常具备三个特点：

（1）英文过硬。因为 IB 课程中英文写作的任务很多，不仅是在英文课上面，其他学科包括科学、艺术、社会科学的课程中都有大量的英文写作任务。学生如果到了高一托福还没有达到 80 分，建议不要强求学习 IB 课程。

（2）文理兼修。前面介绍了 IB 课程包含六组，这六组里面既有文科又有理科，还有艺术。要想拿到高分，最好不要有某一个学科特别“拉胯”。如果孩子有明显的学科短板，可以考虑不读完整的 IB 文凭课程，而是读 IB 证书课程，选自己擅长的学科，或者不妨考虑 AP、A-Level 等其他国际课程。

（3）时间管理能力强。因为 IB 课程到最后两年任务繁重，主课有六门，还有一门认识论（Theory of Knowledge，简称 TOK）的课程，总共七门课。除此之外，还得完成 4 000 词的原创拓展性论文（Extended Essay，简称 EE）和各项课外活动，并在最后一年完成申请大学的各项要求。如果孩子一段时期只能专注做一件事，顾不了太多，那学起 IB 课程会有些吃力。

二、最灵活的 AP 课程

AP 课程是一套来自美国的课程，目前也受到国际大学的广泛认可。AP 课程最早的起源是顶级美高菲利普斯埃克塞特和劳伦斯维尔高中的教育者们希望给学校里的尖子生提供大学级别难度的课程，而研发的给高中生的大学先修课程。发展到今天，AP 课程一共有 39 门，涵盖英文、数学、自然科学、社会科学、第二外语、艺术等六个学科大类。

一般美国高中会开设 AP 课程。一门 AP 课程通常上一整学年。教授这门课的老师，一般会从 9 月开学到次年的 3 月，教完这门课的全部内容。然后从 4 月带领学生做题和复习，准备每年五月的 AP 统考。每年 5 月的第一周和第二周，是全球 AP 统考的时间。每门考试的满分是五分，三分以上是比较好的分数。统考的结果会在 7 月初公布。

值得一提的是，AP 课程是把考试和学习过程分离的。不像 IB 课程会把考试分布在高中最后两年的时间里，相当于平时的考试也会计入学生最后获得的 IB 总分。AP 考试最后的分数是完全依赖于学生在五月初 AP 统考的表现，这有点像高考，全凭一份试卷的表现来获得最后的 AP 考试成绩。学生平时在学校里 AP 课程上的表现是不会计入最后的 AP 考试成绩的。

如今，最早研发 AP 课程的顶级美高已不再沿用 AP 课程，转而推行自己学校老师研发的校本课程，但是 AP 这套课程依然在全美甚至美国以外的高中非常流行。

AP 课程最大的特点就是灵活性最强。AP 一共有 39 门课，想选几门、学什么难度的、一年学几门、在高中哪一年学，这些都可以根据自己的情况来安排。可以说在选科的自由度上，AP 课程最灵活。灵活所带来的一个后果就是大家会比拼 AP 考了多少门，甚至有在 IB 学校里学习 IB 的学生为了提升自己的大学申请竞争力而去考几门 AP 考试（这种做法其实不必要）。

在美高，大部分学生整个高中四年（美国的高中是从九到十二年级）会选 3 门到 10 门 AP 课程，个别学生可能会选 10 门以上。在普林斯顿大学公布的新生调查问卷中，能看到 2023 年入学的大一新生在高中期间上了 7 门到 8 门 AP 课程的学生占比 16.1%，上了 9 门到 10 门 AP 课程的学生占比 16.1%，还有 13.8% 的学生上了 11 到 12 门 AP 课程，10.5% 的学生上了 13 门到 14 门 AP 课程，还有 8.8% 的新生居然上了 15 门以上的 AP 课程，如图 2.1 所示。

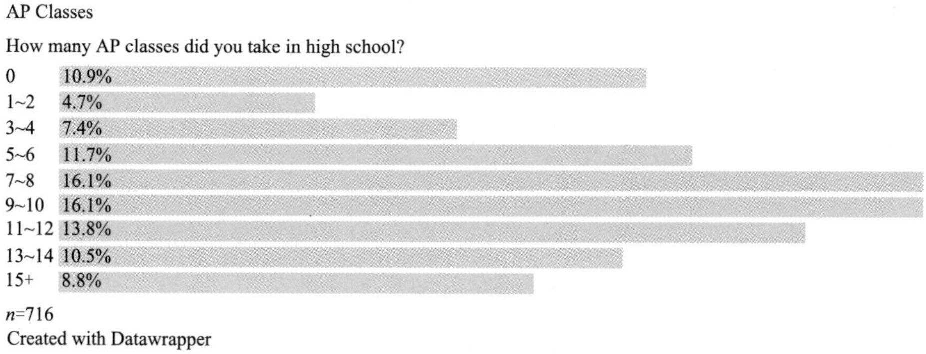

图 2.1 普林斯顿大学新生（在高中期间的）AP 课程数量

为了了解学生在高中阶段选择的 AP 课程数量到底对于他们大学阶段的学习有什么样的影响，北卡大学教堂山分校的招生老师专门做了一个研究。研究表明，在高中上过 AP 课程的学生确实比没上过 AP 课程的学生，更适应大学阶段的学习。但是一旦学生选的 AP 课程数量超过 5 门，这种优势就不明显了。也就是说，无论一个学生在高中阶段是选了 6 门、10 门还是 12 门 AP 课程，一旦 AP 课程数量超过 5 门，对大一学业表现的影响就不大了。

学生参加 AP 考试可以通过所在学校报名，或者是以社会考生身份报名。除港澳台外，中国学生一共可以报考 20 门 AP 考试，分别是微积分 AB、微积分 BC、物理 C 电磁、物理 C 力学、英语文学与写作、物理 1、物理 2、艺术史、化学、计算机科学 A、计算机科学原理、宏观经济学、微观经济学、心理学、环境科学、统计学、生物学、英语语言与写作、预备微积分和 AP 专题研究。在这里面,学生报考数量最多的 5 门 AP 课程是微积分 BC、物理 1、微观经济学、宏观经济学和统计学。

三、最接地气的 A-Level 课程

A-Level 课程是英国的高中课程，目前已推广到全球 160 个国家，包括英国、加拿大、澳大利亚、新加坡等热门留学国家。A-Level 是三大主流国际课程中我们最早接触到的。据剑桥大学国际考评部的数据，目前国内已有几百所学校提供 A-Level 课程所属的剑桥国际课程。

A-Level 课程一共有 57 门，科目非常丰富，在传统的英文、外语、数学、科学、社会科学、艺术六大门类之外，还有会计、古典学、旅游学、社会学、媒体研究、法律等学科的课程。A-Level 课程需要两年时间完成，第一年是 AS 年，第二年是 A2 年。每年有两次考试机会，一次在 5 月到 6 月，一次在 10 月到 11 月。A-Level 课程的成绩分为 A、B、C、D、E、U 这六个等级，U 以上是及格。申请顶级英美大学需要 3 门到 4 门 A 等级课程。

A-Level 的课程还有一个特点，就是 A-Level 考试的命题是由三个考试局分别出题的，不像 AP 和 IB 是统一命题的。不同考试局的考纲内容、考卷形式和题目类型都会有差异。这三个考试局分别是 CAIE 剑桥国际考试局、AQA

考试局和爱德思考试局。参加哪个考试局的考试，需要对应地准备这个考试局的题目。

一般来说，A-Level 课程是最贴近国内课程体系的国际课程。这套课程并不需要学生在转入国际教育赛道之前做很长时间的铺垫，甚至以前出现过极端案例：学生在高考完之后对成绩不满意，从暑假准备 A-Level 考试，第二年申请到英国前 10 大学。这套课程像高考体系一样，要想拿到高分需要学生投入大量时间刷题。对于从公立学校转到国际教育的学生而言，如果学科的基础不错，是可以很快上手的。特别是从公立校转出来的理科学生，可以通过选 A-Level 的数学、物理、化学这几门课拿到 A^* 的高分。

一名学生，从小学阶段进入国内的 IB 双语学校，后来在初中后转去英国读寄宿学校。英国高中也是四年，前两年是 IGCSE 课程（相当于英国的中考课程），后两年是 A-Level 课程。她从 IB 切换到英式课程之后，最大的感受就是所学的知识非常扎实。相比于 IB 在初中阶段把所有科学杂糅在一起，在一年的时间里滚动教学，这个单元学化学、下个单元学物理，她更倾向 A-Level 的分科教学，分科学习让她对每一门科学都建立了体系化的认知。这对于她后面选择物理作为大学的专业起到了关键的作用。

四、如何选择适合自己的国际课程

介绍完三个主流的国际课程体系，该如何根据孩子的情况来综合选择适合的国际课程？

1. 考虑孩子是否已经确定了留学的国家

如果已经明确要去英国，最适合的是读英国的 A-Level 课程。如果已经明确要到美国读大学，最适合的就是美国的 AP 课程。虽然用美国的 AP 课程也可以申请英国的大学，英国的 A-Level 课程成绩也被美国大学所认可，但是在确定留学国家之后，最直接的就是选择和这个国家对应的国际课程，没必要再换其他国际课程。

如果孩子年龄还小，还不确定去哪个国家留学，或者说家长希望孩子能够多地联合申请，在申请大学的时候同时申请两个以上国家的大学，那么要考虑的就稍微复杂一些。目前来看，IB 课程是通用性和兼容性最广的课程，低龄的学生和尚不确定留学国家的学生，可以考虑 IB 课程。

2. 考虑孩子的学术发展是否全面

在前面介绍三大课程体系的时候，已经分析过了 IB 课程由于要求选择 6 门课程，不太适合在某一个学科上偏科严重的学生。相较之下，AP 课程和 A-Level 课程都给了学生更大的选课自由，对偏科的学生更为友好。

当然也不是说偏科的学生就一定不可以选 IB，也要看孩子偏科的严重程度。因为 IB 的 6 门课程也分成 3 门高级课程和 3 门普通级别课程。对于自己不擅长的学科，可以选成普通级别。在高中选择课程之前，通常建议给孩子做一下学业表现的评估，这样能最大限度地选择自己适合的科目，确保在高中最紧张的两年里还能保持胜任感。

3. 考虑孩子所在高中和地区的师资情况

目前来看，AP 和 A-Level 这两个课程在国内的师资从总量上来看更充裕一些，因为公立学校的老师英文不错的话，可以教授这两套国际课程。在国内有很多公立高中开设的国际部采用 A-Level 或者 AP 课程，这也是受师资情况影响的决定。

IB 课程对老师要求会更高，不仅对教授的学科要有深度把握，还需要对培养学生学科思维等能力的维度有经验。这样的老师更稀缺。如果孩子上的是 IB 课程，学校的老师不够给力，那就需要家长在校外给孩子单独辅导，或者是找补习班，容易陷入被动。

以上建议供家长参考。选国际课程体系和在某一个体系中选择科目和课程，是高中阶段的一个重大决定，需要孩子和家长至少提前半年去做相关了解、问询和评估。一定不要低估了这个决定的重要性。过往我们就遇到过原本在公立学校国际部成绩非常优秀的学生，到高二转到 IB 课程体系还匆忙选了自己不擅长的科目，结果由于成绩不理想造成大学申请的选择非常受限。希望每个家庭都能重视课程选择，结合自己的留学国家倾向性、各个学科学习的表现和过往背景及大学学习方向，综合做出最适合自己的决定。

第二节　公立学校国际部、民办国际化学校还是美高，三条高中路径如何选择

如果说国际课程体系是一顿晚宴的主菜，那么三条国际教育路径就像是呈现这顿晚宴的三家风格不同的餐厅。你有可能在不同的餐厅吃到同一道主菜，但这道菜的口味在每家餐厅不太一样，取决于餐厅主厨的手艺、餐厅可调用的食材，甚至餐厅的环境和在同一家餐厅就餐的人也会影响你品尝这道主菜时的感受。对学生而言，选择国际教育通常有三条学校路径，下面会逐一介绍这三条路径（公立学校国际部；各种民办的国际化学校；低龄留学，也就是到国外上高中，甚至从初中就在国外读），然后告诉家长进入这三条路径的最佳时间。

一、公立学校国际部

公立学校分为开设普高课程的公立学校本部和开设国际课程的公立学校国际部。就现今的竞争形势而言，能够通过普高课程进入顶级国外名校的学生凤毛麟角，所以不做过多介绍。这里讲的第一条路径指的是开设国际课程的公立学校国际部。

整体来说，公立学校国际部在办学背景和模式上有很多的共性。

具体来看，公立学校国际部采用的国际课程体系以 AP 和 A-Level 为主。因为这两个体系都适合从高中切入，对于从中考后转入国际课程体系的公立

校学生而言非常友好。

除此以外，公立学校国际部借助公立学校的办学优势，一般在理科的教学优势上更加突出，有大量的中国的理科老师可以用中文教授 AP 和 A-Level 的理科课程。相较之下，公立学校国际部的文科资源和艺术、体育资源会弱一些。还有一个衡量学术水平的标准是学风，或者说学术氛围。公立学校国际部整体来看是学习氛围比较浓郁的，毕竟从公立学校一路学上来的孩子都习惯了以学习成绩作为评价标准。

从学生群体来看，公立学校国际部的学生群体在学习成绩和价值观上比较正向。以北京地区为例，22 所公办校国际部都会在中考之后统一录取学生进入新高一。每一所学校在不同的区都有录取的分数线，或者有对录取学生的区排名的要求。这就意味着能进入一所公办学校国际部的学生在中考成绩上基本是比较接近的。

1. 公立学校国际部的优势

（1）离家近。对于在居住的区内就有公办学校国际部的家庭而言，如生活在北京海淀区、西城区、东城区和朝阳区的家庭，可以选择区内的公办学校国际部，不用搬家或者花费时间在通勤上，对一个家庭生活方式的影响最小。

（2）周围同学水平整齐。如果是进入了头部的最具选拔性的公立学校国际部，那么身边的同学基本上都在学习上比较得心应手。

（3）中国老师好沟通。公办学校国际部的老师基本上还是公立学校的老师风格，对孩子负责，出现问题迹象会主动联系家长进行协调解决。

（4）学费性价比高。以北京地区的公办学校国际部为例，一年的学费 10 万元人民币左右，这比民办国际化学校和美高的学费要实惠太多。

2. 公办学校国际部的缺点

选择公办学校国际部是比较稳妥的一条国际教育路径。这条路径有没有缺点？主要有三个方面：

（1）若孩子在学习成绩上的优势不明显，那么在公立学校国际部不容易找到自信，也不容易成为头部学生。

（2）可支配的时间少。很多在公立学校国际部备战本科留学的学生，还需要在高二完成高中会考的课程和学习，这会分散掉孩子准备留学的一部分精力。另外，公办学校国际部还会有一些条条框框的规定，这也会牵扯孩子一部分的时间。

（3）公办学校国际部的推荐信和成绩单，受国外大学认可的程度有时会弱一些。特别是一些成立时间不长的公办学校国际部，或者是输送进名校学生少的公办学校国际部。这种情况就需要孩子在校外再争取一些受认可度高的竞赛、夏校、科研经历，来让自己在大学申请的比拼中更有竞争力。

二、民办国际化学校

民办国际部学校的创立初衷是为了满足多样化的教育需求。如今提供国际课程和以留学方向作为毕业生主要出口的民办学校种类和风格也非常多样。

民办国际化学校其实是对一类学校的统称，但是在这个统称的下面，民办国际化学校的种类和特色非常多样，可以从两个方面给民办国际化学校做一个粗分类。

1. 国际化程度

在这个横轴上面，一端是招收纯外籍的国际学校，也就是说所有在这里读书的学生都必须具有外籍的身份；而横轴的另外一端是偏公立化的各类民办学校，比如很多外国语学校就属于偏公立化的民办学校。国际化程度高的学校，一般由外方治校，校长带着国外的教育理念和团队来治理学校。

孩子们从这样的学校毕业出国会感觉国外的学校和自己在国内的民办国际化学校相比，差别并不十分明显。而偏公立化的民办学校就特别适合刚从公立学校转出来的孩子，他们会觉得这种学校的文化会更接近自己原来的公立学校。

2. 竞争程度

对于好的升学结果追求的激烈程度，在这个维度上不同的民办国际化学校风格差异非常大。有的学校每年都会晒自己的录取榜单，把毕业班学生获得的国外名校的录取通知书以及整体前30的大学比率、前50的大学比率、前100的大学比率都做一个统计。

有的学校还会晒自己毕业班学生获得的国际大考成绩高出全球的平均线多少分。但是也有民办国际化学校完全不晒榜单，甚至连本校的低年级学生都得千般打听才能从高年级学生和家长那里获得本校毕业班录取情况的只言片语。

除此之外，民办国际化学校还可以按照开设的国际课程进行分类，比如纯IB课程学校和纯AP课程学校。但是存在很多民办国际化学校会开设超过一种的国际课程，甚至有的办学实力雄厚的学校会把三种主流国际课程开齐。在这种“一校多开”的情况下，也会存在哪个国际课程的开设历史最久、师资更强的区别。

看完民办国际化学校的分类，下面说一下选择民办国际化学校这条路径的特点。由于民办国际化学校的风格差别很大,所以在分享这个路径的特点上，我总结了观察到的“偏国际化的”民办国际学校和双语学校的共性，供各位家长参考。

从入学的要求来看，就读民办国际化学校一般是通过提交入学申请，然后进行笔试和面试，最后获得录取。跟通过中考来录取学生的公立学校国际部相比，民办国际化学校的招生更有自主权。这些学校会自行设计笔试题目并组织面试。有的学校的面试还分为个人面试和小组面试，还有的学校会组织家长面试。

观察下来会发现，民办国际化学校的学生从学业成绩的角度来看，离散度更高，有能冲击常青藤学校和牛津、剑桥的学生，也有勉强能过国际大考或者成绩只够申请艺术类大学的学生。群体的多样性还体现在孩子们的兴趣爱好和志向各有不同。许多民办国际化学校创造了一种“不以成绩来论英雄”的文化，让对语数外、数理化并不那么擅长的孩子，也并不会因为成绩差而觉得不如人。能创造这种文化得益于民办国际化学校给孩子们的兴趣爱好，特别是对艺术和体育的发展提供了更多的支持。学校提供各式各样的运动队、艺术演出和展示以及领导学生俱乐部或者组织学生活动的机会。展示自己才艺的方式更多，评价标准更为多元，孩子自然就不光盯着成绩这点事儿了。

选择民办国际化学校的家长也有特点。我接触的从小学就把孩子送进民办国际化学校的家庭，一般具有这样几个特点：父母在国外受过教育或者在外企、国际型组织有工作经历；父母是专业型人才，从事律师、医生、管理咨询、会计师、大学老师等职业；还有一类父母是企业主，有自己的公司，或者从事艺术等创意型工作。观察这几类人群会发现，选择民办国际化学校的这些家长，对于国际化教育理念认知和接受程度更高，希望孩子能够学到本事，获得能力和素养。另外，这部分家长的经济实力也是不错的，因为毕竟要付比选择公立学校更高的学费。当然也有一些被动选择民办国际化学校的家长。例如，在北京，非京籍的家庭孩子如果不回老家参加高考，就只能在北京读民办国际化学校。

另外，民办国际化学校的发展也受到政策影响。最近三年新增民办国际化学校的数量在减少，国际化学校出现大量的更名现象。不少学校在招聘和留存外籍教师和校方管理人员上也遇到问题。对于打算选择民办国际化学校的家长，建议一定要了解学校是否牌照齐全以及学校的经营管理状况，并从在校生家庭了解学校的真实情况。

三、低龄留学：美高路径

低龄留学，也就是到国外上高中，甚至从初中就在国外读。这里以美国为例，介绍美国寄宿高中的路径。

如果说民办国际化学校风格差别比较大，那么美高的风格差别就更大了。如果家长没有花大量时间去调研和走访美国的学校，那一定要聘请专业的教育顾问来根据孩子的特点选择匹配的美高。作为顾问，每年的核心工作之一就是访问不同的学校来更新对于这些学校的认知。每年访问的学校里，至少一半是过去已经访问过的，但还是要去。因为，学校也是有生命的个体，换个校长或者招生部主任，学校的变化就会很大。还有的情况是，学校获得了一笔大额捐赠，那么接下来就会盖新楼、招新的老师、创建新的项目，这都会影响孩子们的实际就读体验。

美高这条路径的另外一个特点是，选择这条路径，相当于把孩子送到美国接受教育，教育的主背景从中国切换到美国，孩子的同学大部分会是美国本土的学生。一般学校国际学生的比例在 10% 左右，这 10% 的国际学生又来自全球各地。中国学生一般占国际学生总人数的一半，同时中国学生也来自全国各地。到美高之后会发现和自己相同背景的同学变少了，能够选择交朋友的人也少了。得扩大自己的社交舒适区，扩大交友范围，多跟和自己文化背景不一样的学生找共同语言。同学群体的不同除了影响社交，也会影响孩子参加学校课外活动的机会。美高提供的活动极为丰富，孩子们的体育教练和艺术老师往往都是专业出身，有较强的专业背景。在资源如此分配的条件下，中国的孩子能参加哪些活动，争取到多少资源倾斜，这是一个个体差异很大的问题。我曾专门写过一篇公众号文章，分享对于这个话题的感受。简单来说，就是主动的孩子、爱表达的孩子、不怕被拒绝的孩子，最有可能在美高的环境里争取到机会。

选择美高这个路径的另外一个特点是，孩子一定会花比在国内更多的时间在体育项目上。甚至有家长戏称，美高就是“体校”。不管孩子的运动能力有多基础，在美高一年三个赛季里都要参加团体的体育项目。读美高的孩子下午 3：20 放学之后，回宿舍换上衣服，直奔学校的体育场。如果在下午 3：20 以后走进一所美高，会发现几乎所有的孩子都在体育设施集中的校园一角，此刻的教学楼基本是空的。运动能力对孩子一生的健康至关重要，由运动而获得的健美身材也是美国社会通行的一张个人名片。选择美高的孩子如果最后不尽如人意没有能进名校，至少能多学会几项运动。

上美高需要递交单独的申请。学校会参考孩子的初中成绩单、托福或者多邻国的英语成绩，美国中考 SSAT 或者 ISEE 的成绩，数学、英文老师和班主任的推荐信，孩子的申请文书和活动列表，以及最后也是最关键的学生和家长面试。单纯从申请的角度来看，美高是比申请民办国际化学校和公立高中国际部更复杂的一个项目。在实际的面试环节，很多中国家长会带着孩子飞到美国进行访校和在校面试，有时还得向国内的学校请几天假。提交完申请之后，孩子还得继续跟各个申请的美高保持互动，直到拿到正式录取才算踏实。

四、三条路径的区别

为了让大家进一步了解三条路径，表 2.2 总结了三条路径的区别。

表 2.2　三条国际教育路径的区别

比较项目	公立高中国际部	国际学校	美高
学术氛围和严谨性	学术严谨性高，学习氛围较浓	鼓励培养学习兴趣和自主探究	学校之间差别较大
学生群体	离散度低，同学成绩较为整齐，价值观较为接近	家庭认可教育理念，同学学业表现离散度高	非常多元，包括美国本土学生、其他国家国际生、中国学生
课外活动	选择有限，条条框框较多	选择较多、自由度高，中国学生是主体	差别较大，是否适合以及名额是否有限制中国学生需考察

续上表

比较项目	公立高中国际部	国际学校	美高
入学难度	中考、面试和笔试	提交申请、面试和笔试、在读学校成绩单	提交申请、面试（第三方和校方面试）英语语言成绩、美国中考成绩、国内学校成绩和推荐信
费用（不含校外费用）	最低，每年 10 万 ~ 15 万元人民币	较高，每年 20 万 ~ 40 万元人民币	最高，每年 45 万 ~ 65 万元人民币（不含捐款）
优势	离家近，周围同学水平整齐，中国老师好沟通	支持学生的多元发展，培养自信	成绩单和推荐信在美本申请中受认可度高，培养运动习惯、英文能力、独立生活能力
劣势	文体活动的选择少，可支配时间较少，成绩单和推荐信在美本申请中受认可度一般	小学、初中和高中课程难度不对等，老师流动性大	学生的身份认同和心理健康，父母调配资源的能力有限，与校方老师的沟通有时差，语言和文化的障碍

五、三条路径“初升高”的时间节点

对于打算让孩子在大学阶段出国留学的家庭来说，最晚要从公立学校初一，也就是国际学校七年级开始考虑孩子的高中在哪里读。从这个时候开始谋划，选择走哪一条国际教育的高中路径都还来得及。

入读公立学校国际部的主要时间节点在初三（九年级）。公办学校国际部会参考孩子初三上期末考试（零模）、初三下一模和最终的中考成绩选择录取。很多学校还会在零模之后接受简历，然后邀请感兴趣的学生入校进行面试。也有一些公立学校国际部会把招生年级下到初二（八年级），以选拔一部分考虑好进入国际教育的孩子，对他们进行完整的国际体系高中四年的培养。打算从八年级开始就读公立学校国际部的家庭，需要在七年级开始启动申请的过程。

入读民办国际化学校,没有集中的时间节点。只要学校有空位都可以申请。但是很多民办国际化学校会在九年级流失一部分学生，这部分学生会转去美高，又会在十年级吸纳一部分中考完转入的原公立学校的学生。

入读美高主要有这样几个时间点：美高一般的招生入口在九年级。中国学生一般会选择八升九、九升九这两个时间节点来申请美高。对于打算八升九进入美高的学生，至少得从七年级开始进行相关的规划和准备。当然，准备的时间越长越好。

表 2.3 为从初中申请公立学校国际部、民办国际化学校和美高的规划和申请时间表，希望重视孩子规划的家长不要错过每一个重要的升学节点。

表 2.3 “初升高”三条路径时间节点

公立体系	申请公立学校国际部（以北京地区为例）	申请民办国际化学校	申请美高	国际体系
初一	稳步提升英语能力，准备参加托福考试	调研了解民办国际化学校，确定目标校；关注目标学校的招生录取时间表	准备孩子的托福成绩；暑假可以申请美高的暑校，体验美高生活	七年级
初二	根据目标校录取学生的成绩，树立中考的成绩目标；中考科目学有余力，可以准备托福考试	打算读 IB 课程：建议八年级转入民办国际化学校，给孩子一年高中前的缓冲和适应期	开学即启动申请美高九年级的项目	八年级
初三	零模后把成绩和区排名递交给志愿的学校；一模后更新成绩和区排名，争取签约；签约不成，继续准备中考；中考后跑校，确定最终入读的公立学校国际部	民办国际化学校高中第一年：关注校内各门课程的表现，这一年的成绩将进入大学申请的成绩档案	开学即启动申请美高九年级或者十年级的项目	九年级

第三节　高中择校：塑造大学申请档案的关键抉择

前面已经进行了更为宏观的国际课程选择和国际教育路径的分析，本节进入较为微观的择校选择。

高中择校是塑造一个孩子大学申请档案的关键抉择。如果把孩子比作一棵苹果树上的果子，那么大学在筛选学生的时候就像从树上摘果子。这个果子相比这棵果树上的其他果子长得如何，是摘果的人所考虑的。所有去苹果园采摘的人都希望摘下这棵树上自己认为长得最好的果子。所以，给孩子选择高中学校，相当于就是选择他们要在哪棵苹果树上生长。家长希望果园的土壤、空气、阳光能够给这棵树提供最充足的滋养，也希望孩子成长为这棵树上最好的果子。

在从事专业教育顾问的这10年里，我已访问了近100所国内外高中。每年春季和秋季，我们团队都会收到学校的邀请去参观和考察。在访问学校的过程中，最抢眼的一般都是学校的设施。有没有室内体育馆、有几个网球场、教学楼里有多少最新科技，这些设施提供了开展教学和教育活动的条件，在一定程度上说明了学校的财力和对学生兴趣爱好的支持程度。但是，在显而易见的校园设施之外，还有其他方面的因素直接决定孩子在高中的就读体验。

本节从一个专业教育顾问的角度来分析如何选择高中，希望在读完本节内容之后，家长也能获得选校的全局和系统性思考，并能从自己家庭的教育观出发，为孩子选择最匹配家庭需求的学校。

一、五个维度，定位一所高中

从事教育顾问这么多年，我觉得要从五个维度定位一所高中，从这些维度来找出最适合家庭和孩子的高中。

第一个维度看学校的办学理念和价值观

有些家长可能会觉得办学理念和价值观这样的概念很虚，不如直接上来就问学校开几门AP课程。其实不然，一所学校的使命、愿景和价值观，是校长和学校的管理者做决策的依据。一所理念是“营造像家庭一样氛围”的学校，会格外重视学校的社区感的建设、维护和提升。一所把“促进世界和平和可持续发展”作为使命的学校会重视创造校园文化里的多元性和包容性。这种多元不仅包括文化背景上的多元，也包括社会经济地位的多元。有了明确的办学理念，和整所学校的团队对于理念的高度一致的认同，当学校在运营过程中，不可避免地出现利益冲突的时候，就有了判断和选择的依据。

办学理念也要和一个家庭的教育观相契合。高中阶段是一个人塑造“三观”的关键时期，当家庭把孩子送进一所学校，尤其是一所寄宿学校，就是希望这所学校能够在接下来的时间里延续和完成这个家庭对这个孩子的教育。因此，很多学校在入学考试的时候会安排和家长面谈的环节，或者在申请材料里要求家长文书，这样做的目的就是确保家庭教育理念和学校的办学理念是一致的。这样在学生入学之后，家庭和学校才能形成一个团队来共同支持孩子的积极发展。

第二个维度是学校的教学能力

学校的教学能力包含课程体系和师资两个方面。课程体系指的就是三大国际课程体系。如果一个学校只提供一套课程，那么家长要考虑的就是这套课程跟孩子之间的匹配度：这套课程体系是会展示孩子的优势，还是会让孩子学起来有点吃力？孩子能否通过这套课程体系实现自己的升学目标？在一个学校里开设多种国际课程的情况下（又称“一校多开”），会有不同国际课程体系之间开设时间和经验的差别。家长在择校的时候，要仔细询问不同课程体系下的学生培养成果、学生情况和师资匹配情况。

除了本校提供的课程体系，学校能够调配的校外学术资源也越来越多地成为择校的重要考量。比如，在很多美高里，对于学生想上但是学校没有开设的课程,高中一般会提供与学校“学分互认”的在线课程来满足学生的需求。这种情况比较多地出现在数学超前学习的孩子身上，到了高中最后一年已经学完了这所学校提供的最高难度的数学课程，这时只能去校外获得更高难度的学术支持。

还有一种调配校外学术资源的情况是，很多高中现在会为“吃不饱”的学生匹配大学里的科研机会。例如，美高学校中的金博联合学院（Kimball Union）, 利用毗邻藤校达特茅斯学院的优势，为高年级学生提供在达特茅斯学院选课的条件。还有一所在巴尔的摩市郊外的女校高中，会为高年级的感兴趣从事生物科研的学生提供在约翰霍普金斯大学从事医学研究的机会。与此类似，北京一零一中学也利用自己便利的地理位置，为英才班的学生提供去北大和清华做科研的机会。

衡量一所学校教学实力另外的重要考核就是师资了。有这样一句话:“再好的学校都不如一个爱你的老师。”这句话非常有分量。考虑到教育就是一棵树撼动另一棵树、一个灵魂影响另一个灵魂的事，孩子能够在一所学校里遇到能看见他们的潜力、相信他们的未来的老师，会让他们对自己产生信心，从而严格要求自己去实现老师的高预期。能遇到这样的老师是孩子从一个学校里获得的最宝贵的财富。

当然，这样的老师有点“可遇而不可求”。家长在择校的时候，没办法判断孩子是不是有好运气碰到这样的老师。择校的时候，家长可以使用的、衡量一所学校师资水平的量化指标包括：高教比例，即教师群体里获得硕士及以上学位的老师有多少；师生比，这项标准多用来衡量孩子在这所学校能够获得多少个性化的关注。在中国的国际化学校里，一些家长还会考虑外教比例和中教比例，衡量学校国际化的程度。

第三个维度是学校的升学指导水平

学校的升学指导水平涵盖学校的升学指导老师有几位，每位升学指导在一个申请季会指导多少名学生。一般实力雄厚的高中，一位校内升学指导会带 30 ~ 40 名学生的申请。这个比例已经很高了。另外一个重要的考核，就是看这所学校过往的申请历史。历史不仅包括值得晒的录取榜单、升学率，也包括哪些大学在很长时间没有从这所学校录取过学生了。比如，美国东部一所非常受中国学生欢迎的前 30 寄宿美高，已经有 10 年没有学生获得某一所常青藤学校的录取了，原因是曾有一名这所高中的毕业生在签署了申请大学的早申请绑定录取的协议（ED Agreement）之后，没有履行协议，没有在获得录取后去这所常青藤学校报到。国内也有一所知名的民办国际化学校的学生，多年申请一所常青藤学校没有获得成功，原因是早期有学生在递交给这所大学的申请材料里作假，造成这所大学对这个学校产生了不信任。

第四个维度是学校的地理位置和校园设施

一个学校的地理位置代表了这个学校可以给孩子们提供的区位资源。国内的学校主要看校园设施，校园面积有多大，有哪些体育和艺术场馆，科学实验室有多大，宿舍是几人一间。

国外的学校要看离附近的城市有多远。美国很多地方都是“大农村”，特别是寄宿中学，往往位于风景秀丽的乡下。离大城市有多远，多久能去一次城里，是否有便利的公共交通工具进城，这些都是影响学生生活品质的考虑因素。也是这个原因，位于美国大城市里或近郊的学校往往特别受欢迎。尤其是位于大城市里的学校，比如位于纽约市的走读学校或者波士顿城里的学校，会带孩子们在博物馆里上一节课，在周末领着寄宿生去看一场比赛。还有的学校直接与企业和非政府组织合作，给孩子们提供体验式学习的机会。位于波士顿近郊的知名的菲尔中学（Fay School）与当地企业合作，请像匡威（Converse）、马自达汽车（Mazda）、Bose 耳机等企业的产品设计师到学校给孩子们讲解如何做设计。这些来自业界的专业设计师还会指导孩子们完成设计项目。能够调动这些社会资源，除了需要人来牵线搭桥，学校所在的地理位置也为这个项目的落地提供了方便的条件。

第五个维度是同学群体

同学的群体怎么样，是孩子们在择校的时候最关注的，他们关心到了新的学校能不能交到朋友。

同学之间的关系既是一种合作，也是一种竞争。在一些学校，同学之间的竞争大于合作。也有的学校，同学之间的合作大于竞争。同学之间的竞争主要体现在有限的、特殊的机会分配给谁。这其中最突出的就是在大学申请的早申请阶段，一所学校会有多名学生去报考同一所顶级大学。同学之间的竞争会分为同质性很强的竞争和同质性弱的竞争。比如，都是女生，都参加过相同的课外活动，成绩也差不多，同时报考同一所大学，就容易形成强竞争的关系。但如果是一个男生和一个女生报考同一所大学，两个人的专业志向各不相同，那么比较难形成竞争，最后很有可能两个人都进入这所大学。

同学之间的合作就呈现在高中期间的点点滴滴。从宿舍舍友之间互帮互助，到同一个球队的队友相互扶持，再到小组成员共同完成一个课程的小组作业。越是小的学校，同学之间的关系越紧密。大的学校，小团体内部之间的合作更容易达成。有一次在访问一所位于美国东北部乡村的寄宿学校时，我的一个学生向导是来自中国上海的男孩。他告诉我，这个学校里的中国学生之间是相互“carry”（帮带）的。遇到困难，高年级的中国学长就会毫无保留地分享自己的经验，帮助低年级刚到校的学弟、学妹。他因此觉得在这所学校里获得了巨大的支持。最后，他们这几届的中国学生申请的结果都不错，大家到了不同的大学依然保持情感上的连接。

二、四种方式，调研一所高中

知道了从哪五个维度去认识一所高中之后，接下来看一下从哪里获得关于一所高中的信息。调研一所高中的方式主要四种：

1. 看官网

尤其是国外学校，能从官网获得大量信息，学校的课程体系及具体开设哪些课程、有哪些学生俱乐部、有多少老师具有高等学历，学生群体的总数、国际学生的比例、男女比例、毕业班的人数一般都有展示。如果想特别了解学校学生的学术水平，可以在官网找到 school profile 这个文件。这个文件相当于一所高中提交给毕业生申请大学的自我介绍，里面包含这所高中的学生所取得的美国高考 SAT 平均成绩、毕业班学生获得的 AP 考试成绩，以及近年来毕业班学生获得的录取和实际入读的大学信息。

2. 访校和参加校园开放日活动

访校参观是不可替代的调研一所高中的方式。因为网络上做再多了解，如果不亲身体验，很难获得对一所学校最直观的感受。

参观一所学校，置身校园，看着来来往往的学生和老师，就好像摸到了这所学校的质地。对孩子们来说，他们也能直接感受自己喜不喜欢这个环境，想象自己能不能成为这所学校的学生。

很多学校还会在一年当中举办几次校园开放日活动，这些活动也是在考虑这所学校的家庭不容错过的。在开放日上，学校会基本全面地展示自己，半天的时间参观者能够在校园里和众多老师和学生进行交流，收获的信息量巨大。

即使在拿到录取后，如果有机会，学生可以去一趟学校确认一下自己是否最终要来这里就读。因为，对于一个孩子来讲，最宝贵的资源就是时间。如果能有机会实地考察一所学校，就会减少做错决定的可能。每次转学都是一个折腾人的事儿，尽量一次就选到适合自己的学校。

3. **联系校友和在校生**

家长尽可能去联系一所学校新近毕业的校友和在校生，从他们的视角去调研一所高中。现在有挺多渠道可以联系到高中的在校生。听在校生和校友的就读感受时，要区分事实和主观感受。如果有条件，就多联系几名在校生和校友，从不同的角度、不同的个体身上去了解一所学校。

现在有不少第三方的网站上能找到在校生和校友对学校的评价。这也是一个调查和了解学校的渠道。但是在阅读这些评价的时候，注意不要被个别差评带偏。就像在淘宝购物时看评价,感觉没有一件商品可以满足所有消费者。如果带着挑刺的眼光看一所学校，总能找到让人不满意的地方。

择校最主要的是明确自己的需求，找到能满足自己需求的匹配学校。对于自己不是那么看重的因素，就别太纠结，毕竟没有一所完美的学校。

4. **和升学顾问合作**

升学顾问是这个行业里的专业人士，每年都会输送学生进不同的学校。这些人对学校的招生录取变化有最直接的感知。有经验的升学顾问把握了孩子的基本情况和家庭的需求之后，能推荐适合这个家庭的学校，减少家长和孩子像大海捞针一样找学校。从升学顾问提供的学校名单开始去调研学校，是一个不错的策略。

但真正为孩子负责的家长，不会完全依赖升学顾问的意见。他们往往会带着孩子去访校，实地调研学校的情况，形成对一所学校的独立评价。然后，再回过头来和顾问讨论，调整申请学校的名单。

这种和一个家庭深度交互的过程，也让顾问更了解家庭的实际需求，更能发挥专业水平为客户家庭找到满意的学校。

在本节的最后，送一张学校调研的模板表格。家长可以表 2.4 为基础，添加对家庭而言重要的选校因素，形成自己家庭个性化的学校调研资料。

表 2.4　选校调研表

<table>
<tr><td colspan="5">自身需求</td></tr>
<tr><td>家庭教育理念</td><td colspan="4"></td></tr>
<tr><td colspan="5">学校观念及课程设置</td></tr>
<tr><td>该校办学理念与家庭教育观是否一致</td><td colspan="2">是</td><td colspan="2">否</td></tr>
<tr><td>学校课程体系</td><td>IB</td><td>A-Level</td><td>AP</td><td>校本课程：
荣誉课：</td></tr>
<tr><td>能否通过这套课程体系实现升学目标</td><td colspan="2">是</td><td colspan="2">否</td></tr>
<tr><td>该课程体系能否展示孩子的优势</td><td colspan="2">是</td><td colspan="2">否</td></tr>
<tr><td colspan="5">师资</td></tr>
<tr><td colspan="2">高教比：</td><td colspan="3">师生比：</td></tr>
<tr><td colspan="5">升学指导水平</td></tr>
<tr><td>一个升学指导老师带几名学生</td><td></td><td>升学率</td><td colspan="2"></td></tr>
<tr><td>有无申请“黑洞”</td><td colspan="4"></td></tr>
<tr><td colspan="5">地理位置—区位资源</td></tr>
<tr><td>附近城市</td><td></td><td>可调配的校外学术资源</td><td colspan="2"></td></tr>
<tr><td>校园设施</td><td colspan="4"></td></tr>
<tr><td>提供的适合孩子的课外活动</td><td colspan="4"></td></tr>
<tr><td colspan="5">同学群体</td></tr>
<tr><td>学生总数</td><td></td><td>国际生的比例</td><td colspan="2"></td></tr>
<tr><td>男女比例</td><td></td><td>毕业班的人数</td><td colspan="2"></td></tr>
<tr><td>平均 SAT 成绩</td><td></td><td>平均 AP 考试成绩</td><td colspan="2"></td></tr>
<tr><td>第三方网站校友及在校生对学校的评价</td><td>优</td><td>中</td><td colspan="2">差</td></tr>
</table>

第四节　低龄留学：诱惑与风险并存的慎重选择

现在关注低龄留学的主要是两个人群：希望早点去留学目标大学的国家，让孩子在那里读完高中，然后顺理成章进入大学；希望避开激烈的竞争，给孩子找一个相对轻松的成长环境。

低龄留学是我进入国际教育咨询行业时最早接触的业务板块。早在2014年，我开始在美国的波士顿给新移民家庭提供教育咨询，接触了来波士顿读书的小留学生们和陪读的妈妈们。这段经历极大地塑造了我对低龄留学的态度。本节的主要内容是关于以获得大学申请时更大优势为目的的低龄留学。

我对于低龄留学的态度一直是非常谨慎的。这种态度源于10年前，我在波士顿代表国内的家长，以孩子在美国联络人的身份去孩子的学校开家长会。因为大多数送孩子就读寄宿学校的家长都在国内，即使短期为了孩子来到美国，语言不通，无法和学校老师进行沟通。我自己去学校，或者陪同家长去学校处理的问题多了以后，深深感到大部分小留学生在当时是没有做好准备来美国读高中的。孩子们或许英文水平达到了学校的录取标准，但是在文化适应、独立生活、沟通和化解冲突的能力上，远达不到一个人生活在寄宿学校或寄宿家庭里所需要的成熟度。

那段工作经历中，接触的来美国陪读的妈妈们也让我印象深刻。妈妈们离开家乡来到美国之后，谨小慎微地处理每一件事情的状态让我感慨万千。从下暴雪后院子里的树拦腰折断，需要请园艺公司来家处理，到学英语、考驾照以便每天能接送孩子，每一件事情的困难程度都比在国内时放大了几倍。更难过的是，有的陪读妈妈们因为长期与在国内的先生分居，导致夫妻关系破裂。这些经历更让我对于低龄留学对一个家庭的影响有了更深的体会和感悟。

回国后，我很多次在讲座里和家长分享在波士顿工作期间的见闻，希望能让家长对低龄留学的风险有充分的认知和准备。但是，在回国创立了自己的国际教育咨询工作室，并在北京顺义这个国际教育高地接触了国际学校的家长群体之后，我的想法发生了改变。

孩子在国际学校就读的家庭基本上每年投入数十万元来交学费，再加上培养体育、艺术等特长以及学术补习班的费用，这些家庭每年在孩子的教育经费上投入几十万元，但是获得的国际学校的教育质量很难让人满意。

在顺义的这些年，我目睹了备受瞩目的民办国际化学校的火爆招生。像明星般的校长及主创团队、吸引人的教育理念、闪亮的设施，这些吸引了国内大量的家长。他们带着种种期待把孩子送进了国际学校、双语学校，期盼着孩子能够从这些学校毕业后升入常春藤名校。

然而现实又是极为骨感的。近距离深度陪伴一届届在国内走国际教育路线的孩子们度过中学阶段并申请大学，我的观察是，一些国际化学校给孩子的学术培养是达不到海外一流学校的标准的。光靠国际学校老师的教学，很难实现让孩子在学术上成为有竞争力的大学申请人。家长如果对孩子的学业和升学有要求，就不得不在校外进行大量补课，补习班填满孩子的课余时间。甚至在英文这个大众认为国际学校的学生不需要额外学习的科目上，也有大量的学生在升学前恶补，这样才能拿到考入名校所需要的托福成绩和SAT成绩。

国际化学校学生的真实状态，让我对低龄留学产生了新的思考。我开始意识到，假如学生可以在国内通过国际学校与课外辅导相结合，能够做好去美国读高中的准备，包括学习习惯、英文素养、思维培养和独立生活能力，那么孩子们其实可以更早地出国，充分利用和享受顶级美国学校中学阶段的教育，不必迁就国际学校里频繁更换的老师团队，也不用像买彩票一样期待孩子当年能够赶上个靠谱的、负责的、教学经验丰富的外教老师。

为此，我和我的团队每年都会访问和考察美国的高中，足迹遍布美国二十多个州，希望能够帮助身边的学生找到需求匹配和质量过硬的美国中学。

新的一届家长又投入低龄留学的热度中。这和民办学校政策以及外教来华的情况有关。优质外教的缺乏，使得家长开始规划中学就把孩子送出国，从海外的中学直接升入名校。

一、低龄留学的诱惑与风险

理性地分析低龄留学的利和弊，或者更准确来说是诱惑和风险，在做低龄留学的决定之前，谨慎地思考和评估自己家庭的情况，为可能出现的意外提前做准备。之所以说是诱惑，是因为家长其实是看着别人家孩子低龄留学获得成功，被诱惑来选择这条教育路径。为什么又说是风险呢，因为风险真实存在，而且一旦出现，往往造成不可逆的后果。

1. 低龄留学的诱惑

结合过去 10 年我经手的低龄留学案例所获得的经验，可以总结出低龄留学的诱惑，主要存在两个方面：

（1）获得精英式教养。获得精英式教养对于很多宝爸宝妈是撒手锏。一位连续创业者、上市公司的老总描述，他最早决定送两个儿子去美高读书，是因为在一次访校经历中，他看到美高学生在进教室开门的时候，会主动给身后的访客带着微笑留门。就这样一个风度翩翩的举动，让这位父亲心动，他觉得把儿子送到这样的学校读书，以后一定能够成为绅士。

还有一次我陪同一位妈妈访问了美国近10所学校。前面安排的几所创新型学校和对国际学生有极高支持的学校，都不能打动这位妈妈。直到去到一所学校，这位妈妈看到从教学楼里走出来的学生穿着制服、打着领带，头发打理得整整齐齐。还有的学生身材健美，身着运动服三五结伴一起去体育馆，这位妈妈一下子被打动了，她说这就是她希望女儿成为的样子，这就是她理想的学校。

不得不说，顶级寄宿中学就是这样，学校希望培养学生一生的运动习惯。这里的孩子每天下午3:20放学之后，进行一年三个季节的团队运动。除此之外，很多学校还要求学生的着装符合标准，每周有固定的“sit-down meal”，由老师带领学生用餐。在课堂上，这些孩子们也都在向美式标准不断靠近。最明显的表现是，学生口才一级棒。此类学校非常看重培养学生们的口语表达能力。

我发现获得如此的教养、谈吐和生活习惯，是很多国内家长潜意识的需求。当和家长谈选校的时候，孩子们聊的往往都是学校开什么课、提供什么活动等项目设置上的要求，而把自己的孩子打造成一个“精英”的样子，是很多家长没有明确意识到，但深深扎根在潜意识里的需求。

（2）获得申请美国大学的优势。大部分家长认为，从美高顺利升入美国前30综合大学的概率都是有一些夸大的。从美高升入美国大学，能获得的最实实在在的就是孩子在所就读美高的优良的学术记录。大学会认为从此类高中毕业的学生成绩单是可信赖的，推荐信是真实的。对大学申请材料真实性的背书，是就读美高的孩子获得的优势。

但是，能够让这份优势成为大学申请过程中的加分项，前提是孩子在美国学习的三至四年的时间里成绩非常优异，同时获得在校老师的高度认可。美高的好成绩单也不是容易拿到的，中国学生要想在难度逐年递增的美高课程中保持优异的成绩真的非常不容易。除此之外，美国老师的推荐信很关键，不要抱其他幻想。大学招生官会拿起电话直接拨到某所高中的升学办公室，询问一个孩子递交上来的大学申请资料的细节。高中升学办公室，为了学校的声誉，通常将如实反映孩子的情况。

第三方平台 Finding School 排名前 30 的寄宿美高学生升入美国前 30 大学的统计比例，最高不会超过 55%，大部分学校在 20% 至 35% 之间。就是说，即使孩子进入了最顶尖的美国寄宿高中，也有至少 45% 的概率无缘美国前 30 的综合大学。这和美国大学的录取逻辑也是相通的。美国大学在大一新生的招生录取过程中，极力追求地域和文化的多样性。任何一所顶级的美国大学都不可能从单一的美高招收过多的学生。相比较，一所北京的第一梯队的国际学校其学生升入美国前 30 大学的比例约为 20%。

以数据看，从美国高中升入美国前 30 的大学是具有一定的升学优势的，但是这种优势没有放大到每名上美高的学生都能百分之百进入美国前 30 的综合大学。家长对于低龄留学的升学优势，一定要有清醒的认识。

2. 低龄留学的风险

低龄留学的风险，仔细回想我身边的、说过的低龄留学的案例，发现最大的风险有两点：

（1）家庭关系。孩子一旦一个人出国，远在国外的孩子和留在国内的家长，在时间和空间上都会产生差距。如果有事情发生，孩子和家长并没有办法充分沟通。更何况有些感受是语言难以描述的，有些情境对于没有身临其境的家人而言，也是无法想象的。我观察到的案例里面，只要孩子和父母没有做出积极沟通的努力，那么双方的共同语言会越来越少。更有极端的案例，在美高美本读完的孩子基本不再和父母沟通，只有用钱的时候会联系。如果父母当中的一方选择到国外陪同孩子读书，孩子与陪读家长之间也会有一些摩擦。例如，孩子对于新环境接受度会更高，对于陪读家长在家里的要求未必会完全服从。但整体上有父母在身边，孩子跟家长之间的沟通会比只有孩子一人在国外、父母都在国内的情况更同步。总结一下，低龄留学给家庭关系造成的影响，主要是在沟通上。父母跟孩子不仅要跨越代际的天然差别，还要跨越中西文化差异。

（2）小留学生的身心健康。小留学生其实是未成年人，在国内的生活条件优越，家里有父母、老人或阿姨的照顾，很少在出国前经历过一个人患病和康复，或者一个人料理自己的饮食起居。出来读书，是对小留学生们独立生活能力的极大考验。我身边就有在国外寄宿学校读书的孩子，身体感到不舒服就自己挺过去，想着估计不是什么大事儿，等熬到暑期回国身体撑不住了，直接住进了 ICU。小留学生在国外看病难还有一个现实的原因，就是如何用英文去描述自己的病情，并理解医生的治疗和处方，这是真实存在的困难。很多时候不是家长给学校写几封邮件就能顺利解决的事儿。再来说心理层面，有抑郁和焦虑情绪的小留学生不在少数。尽管很多学生过了压力最大的那段时间就能好转，但还有很多学生在国外找不到倾诉和求助的对象，陷入了心理健康的危机。更恶性的事件是，学生受到霸凌没有及时求助，或者是求助后没有得到学校的妥善处理，这种心理危机的干预往往会更加复杂。

二、如何判断自己家庭是否适合低龄留学

在分析完低龄留学的诱惑和风险之后，有一个切实的抓手可以帮助各位家长从自己的家庭角度去评估，即孩子是否准备好了低龄留学的准备。

我们常年帮家庭做美高申请的评估咨询，这种咨询一方面是为了帮助家长和孩子了解孩子获得顶级美高录取的概率；另一方面也想通过真实的在美高的情景问题，帮助家庭判断孩子是否具备在美高胜任学术和生活挑战的能力。

决定一个孩子低龄留学能够获得成功的因素有五个：

1. 孩子自身的动力

无论父母有多么希望孩子能够从低龄留学当中获益，最终都是需要孩子

自己去经历和完整体验。孩子是否能在遇到困难的时候想办法解决，在没有解决出路的时刻能否坚持？对于低龄留学的成功而言，孩子出国意愿的强烈程度是1，其余因素都是0。建议父母在和孩子沟通的时候可以了解一下，如果从1到10来打分，孩子对于出国读中学的意愿有几分，以此来了解孩子自身的动力因素。

2. 来自家庭的支持

来自家庭的支持在两个方面：第一是财力的支持。如果中学阶段留学且在国外读完本科，这条路径的教育经费基本上会比大学阶段再留学多出一倍的费用。以美国为例，2024年去美国读完四年本科的充足预算大约是300万元人民币。如果从美高九年级开始读起，基本需要至少600万元人民币的预算，这对普通家庭来讲是一笔非常大额的支出。来自家庭的第二方面的支持，体现在父母在孩子留学全过程中的陪伴、理解和支持。如果有条件，最理想的情况是跟孩子一起在海外生活。如果家庭情况不允许，那么假期的时候陪伴孩子，日常多沟通来化解孩子的压力，就是父母能够提供给孩子的莫大支持。

3. 关于孩子的兴趣和特长

简单来说，孩子的兴趣越广泛，一方面，意味着孩子有更多和人连接的触点，有更大的可能多交朋友，也越容易融入新学校的环境。这对于青春期非常期望同伴认可的孩子来讲是至关重要的。另外一方面，特长的培养在当今竞争激烈的申请环境下，也占据特殊的优势。从美国寄宿高中的申请来看，能够获得前10寄宿美高青睐的孩子，不仅学业成绩优秀、标化考试成绩接近满分，同时都具备一项从事三年以上的特长，并在这项特长上获得了地区级、省级、国家级甚至世界级的认可。可以说，具备广泛的兴趣爱好和一项到两项突出的特长，是孩子获得美高录取的有效加分项目。

4. 孩子的英文水平

从课堂听讲，到在宿舍与同学闲聊，再到课外活动中发表演讲，这些都依赖于孩子实打实的英文听说读写能力。除此以外，学校的招生录取对孩子英文水平的要求也是水涨船高。从美国顶级寄宿初中 Fay School 的要求来看，申请七年级的中国学生小托福成绩要达到 860 分。低于这个成绩，学校不会给予面试的机会。其实无论是寄宿美初要求的小托福 860 分，还是寄宿美高要求的大托福 90 ~ 100 分，这两项成绩的获得都意味着孩子在英文的使用上已经达到了中级并接近熟练的水平，足以胜任校园环境中英文使用的基本要求。

5. 孩子的性格特征

家长通常觉得性格外向的孩子相对容易在海外环境当中适应。实际上很多家长可能没有想到，美国中学在招生录取的过程当中，专门设计了一个性格测试，用来衡量对低龄留学获得成功而言最重要的几项性格（见表 2.5），建议家长根据这几项的描述，给自己的孩子打一打分，看看是否已经具备低龄留学的心理条件。

表 2.5　低龄留学成功因素评估

请勾选最适合孩子和家庭情况的陈述：				
孩子留学动力		很低的动力	一般动力	较强动力
家庭财力支持		0 ~ 300 万元	300 万 ~ 600 万元	600 万元以上
家长能否陪读		不能	父母一方能	父母双方都能
孩子英语水平		托福 80 分以下	托福 80 ~ 100 分	托福 100 分以上
孩子的性格	学习主动性	有迹象	正在发展	明显具备
	求知欲	有迹象	正在发展	明显具备
	开放的心态	有迹象	正在发展	明显具备
	坚韧的性格	有迹象	正在发展	明显具备
	自我管理	有迹象	正在发展	明显具备

续上表

<table>
<tr><td rowspan="2">孩子的性格</td><td>对社会的了解</td><td>有迹象</td><td>正在发展</td><td>明显具备</td></tr>
<tr><td>团队合作</td><td>有迹象</td><td>正在发展</td><td>明显具备</td></tr>
<tr><td colspan="5">请描述孩子的兴趣和特长</td></tr>
<tr><td>项目</td><td>兴趣特长
（对申请美高最有利的兴趣是对应美高开设的相关课程和活动的兴趣）</td><td colspan="2">坚持时间</td><td>获奖认可级别</td></tr>
<tr><td rowspan="3">1</td><td rowspan="3"></td><td colspan="2">○ 3 年以内</td><td>○校级</td></tr>
<tr><td colspan="2">○ 3 ~ 5 年</td><td>○市 / 省级</td></tr>
<tr><td colspan="2">○ 5 年以上</td><td>○国家 / 世界级</td></tr>
<tr><td rowspan="3">2</td><td rowspan="3"></td><td colspan="2">○ 3 年以内</td><td>○校级</td></tr>
<tr><td colspan="2">○ 3 ~ 5 年</td><td>○市 / 省级</td></tr>
<tr><td colspan="2">○ 5 年以上</td><td>○国家 / 世界级</td></tr>
<tr><td rowspan="3">3</td><td rowspan="3"></td><td colspan="2">○ 3 年以内</td><td>○校级</td></tr>
<tr><td colspan="2">○ 3 ~ 5 年</td><td>○市 / 省级</td></tr>
<tr><td colspan="2">○ 5 年以上</td><td>○国家 / 世界级</td></tr>
<tr><td rowspan="3">4</td><td rowspan="3"></td><td colspan="2">○ 3 年以内</td><td>○校级</td></tr>
<tr><td colspan="2">○ 3 ~ 5 年</td><td>○市 / 省级</td></tr>
<tr><td colspan="2">○ 5 年以上</td><td>○国家 / 世界级</td></tr>
<tr><td rowspan="3">5</td><td rowspan="3"></td><td colspan="2">○ 3 年以内</td><td>○校级</td></tr>
<tr><td colspan="2">○ 3 ~ 5 年</td><td>○市 / 省级</td></tr>
<tr><td colspan="2">○ 5 年以上</td><td>○国家 / 世界级</td></tr>
</table>

其实表 2.5 也是一份表格问卷，家长可以用这份问卷来评估孩子和家庭的情况。家长在表格的最后一列勾选得越多，孩子越有可能在低龄留学过程中走得顺利。

希望家长和孩子能在低龄留学这个充满诱惑和风险的事情上，做出最适合自己家庭和孩子的理性抉择。

第三章

成为英文高手：实现留学梦想的语言突破

一本关于留学早规划的书一定不能少了对英文学习的方法介绍。相比于10年、20年前，今天走进英、美、加、澳等主要使用英语的国家的课堂，中国学生的英语水平已经有了大幅提升。这和家长们对英语语言能力的培养与重视有很大的关系。以“80后”“90后”为主体的家长越来越多地从小就开始培养孩子的英语能力，并为此投入了大量时间、精力和金钱来支持孩子的英语学习。

作为曾获得托福117分、GRE Verbal 95%百分比的成绩，并且在美国的工作环境中被无数次称赞英文水平的终身英文学习者，我在本章会把有关英文学习的真相告诉大家，希望能帮助孩子和家长少走弯路。

第一节　从小规划：中文和英文的“双语”之路

打开小红书和微信，会看到很多新手妈妈从孩子还没有进入幼儿园就开始讨论如何对孩子进行英文启蒙，甚至有不少学前班和K–12学校主打“双语教学”来作为自己的特色。

作为父母，都希望自己的孩子能深谙中国文化，建立牢固的文化自信和身份认同；同时也希望自己的孩子能够用英文进行学术研究和文化交流。那么究竟用什么方法，才能帮助孩子以最高的效率实现中文与英文都掌握的效果呢？如何合理地规划孩子的语言学习时间呢？

本节会结合过去几年中接触的大量“双语娃”的经历，给大家讲讲如何从小掌握中文和英文两种语言。

一、实现双语，先要搞定母语

一个孩子在婴儿阶段和童年早期接触的语言就是中文，也就是母语，除非一个孩子生长在讲两种语言——中文和英文的双语家庭。越来越多的教育机构和学校推出“双语”概念之后，很多家长误以为把孩子送到这样的学校，孩子就能自然而然地掌握中文和英文两门语言。实际上，如果一个孩子在家里说中文，每天仅靠在学校上午8：00到下午3：20接触英文，是实现不了把英语学成“母语级水平”的。

在过去几年的时间里，我接触了大量从一年级甚至幼儿园就进入双语/国际学校，并学到高三毕业的学生。这些学生虽然号称是从双语/国际学校毕业，但其实他们大多数的英文水平远远达不到要求。以听、说、读、写四项指标来衡量，从小浸润在英文环境中的孩子在听力这项指标上发展得最好。用托福成绩来衡量，很多双语/国际学校学生的听力裸考成绩都能达到26分以上（满分30分）。但是其他三项指标，尤其是阅读和写作往往差强人意，很少有学生裸考能达到26分（满分30分）。有大量从双语/国际学校毕业的孩子依然需要在升学前，利用假期时间投入大量的精力去准备标化考试。这让人不禁疑惑，怎么从小就上双语/国际学校，英语还需要补课?

更让人感叹可惜的是，不少双语/国际学校学生的中文水平也差强人意。有国际学校初中的孩子把“狡猾”写成“脚滑”，还有即将高中毕业的高三学生在中文国际考试上使用大量拼音来写作文。目标是追求中文和英文的双语，实际却学成了“双不母语”。

事实上，孩子在双语/国际学校的语言环境很单一，基本限于在教室里听外教老师讲课。一般默认外教老师提供的英语语言质量是很高的，但如果孩子在课堂中基本不参与讨论，课下跟同学说中文，下午放学回家后继续说中文，那么孩子练习使用英文的时间远远低于母语使用者。

李光耀①在他的自传里回顾了新加坡的双语之路，并提出了一个观点，很值得希望孩子同时掌握中文和英文的家长参考。他说，语言的学习是一个零和博弈。也就是说，在中文跟英文这两种语言中，只有一种语言是更强的，不会出现两种语言达到同等的高水平。要想让孩子实现双语，首先要在中文和英文中选一个，使其成为水平更高的语言。对于中国孩子，母语是中文，所以学习英语应当采用学习第二语言的方式，而不是采用英语为母语的

① 李光耀，《李光耀回忆录：我一生的挑战》，译林出版社。

学习方式。

这也就解释了为何在双语和国际学校读书的学生到了升学前，还需要花时间补习英文，才能通过托福、雅思、SAT 等英文考试。这和美国家庭中长大的学生暑假只需上几次课来熟悉题目模式，就能考出 SAT 高分的学习难度是截然不同的。

研究儿童语言学习的心理学家用几十年时间得出来的研究结论指出：一个孩子的母语水平，会直接预测和影响其第二语言的发展。对于如今中文母语的孩子，不能为抢跑英文发展而忽略中文学习的重要性。从幼儿园到小学阶段，中文是两门语言当中的重点。学好母语，才能为英文的学习打好认知和思维的基础。

李光耀从小英文很好，后来在剑桥大学获得了法律博士的学位。但当他返回新加坡从政时，深深遗憾自己的中文水平不佳影响了他在政坛的作为。于是他把自己的三个孩子都送到了华语学校，让三个孩子从小接受中文的学习。

他在自传里这样写道："我自己是英校生，曾经有过失去了文化根基、失去了自信心，一种怅然若失的感觉。我深深体会人一旦失去文化根基，就失去自信心的危险。一个人要有高度的表现，必须先了解自己、了解自己的处境，才能了解世界。我讲英语比讲华语好，是因为我早年学的是英语。但是，即使千年万代，我也绝对不会变成英国人。我的内心并没有西方的价值观念体系，而是东方的精神价值体系。我应用西方观念、西方语文，这是因为我了解这些观念和语文。但是在我的头脑里却有着一个完全不同的东方体系。这个思想体系让人有自信心、有胆识、有热情和有充沛的精力。"

在中文和英文两门语言学习的时间分配上，合理的规划如下：

（1）在小学阶段（一到六年级），中文为主，英文为辅。

中文：学好母语，掌握 3 000 个汉字的书写，并能够实现用中文阅读、写作，表达自己的情感和思想。

英文：以学习第二语言的方式学习英文，增加语言的积累，如背单词、读分级阅读、听英文歌、看英文电影。

（2）初中阶段（七到九年级），中文和英文并重。

中文：继续用中文拓展自己的认知边界，多读书理解较为抽象的学术概念。

英文：从日常英文的学习过渡到学术英文的学习，系统学习语法、增加学术阅读、接触学术写作，让英文在初中毕业前达到欧洲语言标准的中级 B2 水平。

（3）高中阶段（十到十二年级），重点加强英文。

中文：巩固自己的身份认同，浸润和感受中华文化中的精华。

英文：进入国际课程的学习，用英文进行学术交流活动。

二、低龄学英文，这样做可以兼顾“乐趣”和“成绩”

在了解了中文和英文学习的整体规划框架后，来看一看如何系统地从小培养孩子的英文能力。

家庭环境在孩子语言的习得上发挥着重要的作用。在家里，父母营造科学有效的英语学习环境，可以对孩子在低龄阶段学习英语的效率和成果上有极大的促进作用。

对于学龄前及小学阶段的孩子而言，学英文最重要的是做大量的语言积累。简单地说，就是尽可能“多读”和“多听”。在引导孩子多读和多听上，家长可以从以下几方面来引导。

1. 尊重和包容孩子的兴趣

家长们都知道要引导孩子多读书，但是在读什么书上，孩子的选择与家长的意愿有时候是冲突的。例如，很多妈妈会参考“牛娃”和“牛妈”给的书单，或者学校图书馆老师列出来的推荐书目。我觉得这些书单最多起一个参考作用。对于没有养成阅读习惯的孩子来说，阅读就是一项任务，还要读自己不喜欢的书就难上加难了。

在引导孩子读书的这件事情上，经验是让孩子读他自己想读的。在这个过程中，家长需要做到的是尽可能尊重孩子的兴趣选择。哪怕是一本漫画、一本汽车杂志或者一个修图软件的使用说明书，只要是英文的，而且孩子乐意看，就不要阻拦。为了让孩子感受到读书带来的乐趣、能够自主地读书，觉得读书能满足好奇心，就要尊重孩子的选择，从他们的兴趣出发选择阅读材料。

2. 帮助孩子选择难度适合的阅读材料，鼓励信心

本着从兴趣出发的原则，家长可以帮孩子做的是为孩子选择与他们的英文和认知水平相匹配的书籍。

例如，同样都是读希腊神话，不同英文和认知水平的孩子会从以下三本书籍中做选择：

（1）*Usborne Illustrated Stories from the Greek Myths*，适合英文蓝思指数在 700L 的学生，如图 3.1 所示。

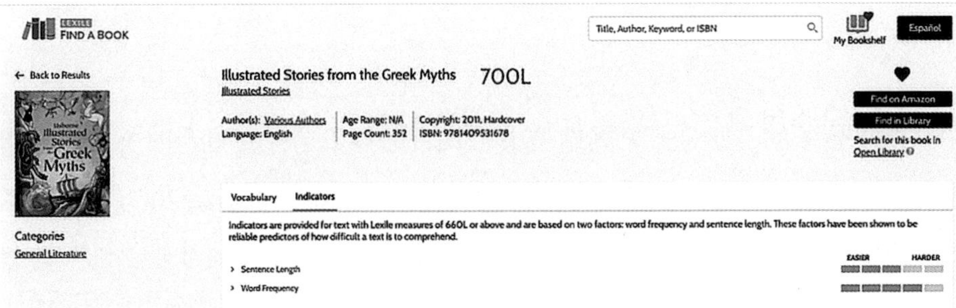

图 3.1　所选书籍之一

（2）国家地理出版的 *Treasury of Greek Mythology*，适合 11 ~ 13 岁，英文蓝思指数在 860L 的学生，如图 3.2 所示。

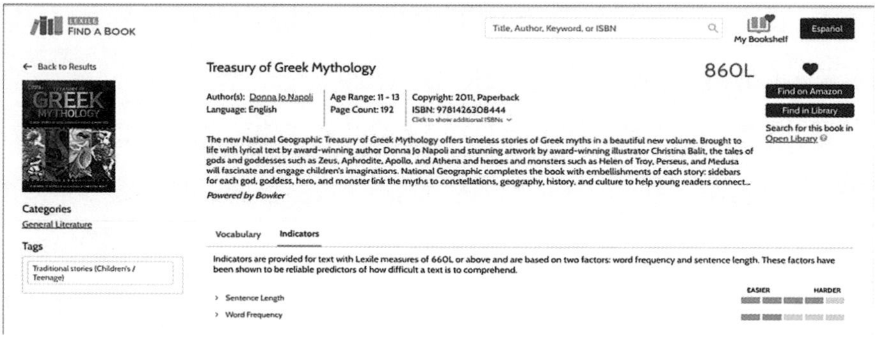

图 3.2　所选书籍之二

（3）启发了无数人的 *D'Aulaires'Book of Greek Myths*，适合 8 ~ 12 岁，英文蓝思指数在 1070L 的学生，如图 3.3 所示。

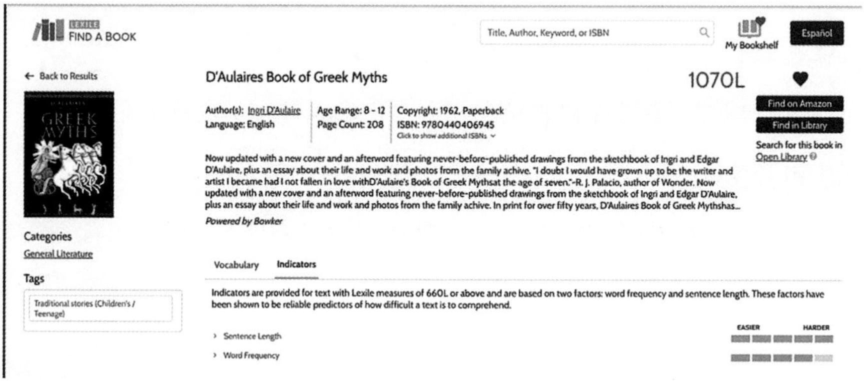

图 3.3　所选书籍之三

这里展示的是通过蓝思网站搜书工具帮助孩子选择的适合的书。蓝思指数实现了用同一个衡量工具匹配孩子的英文阅读水平，包括超 30 万册英文图书。如果还不了解孩子的蓝思指数，可以询问孩子在学校的英文老师，或者为孩子在家测试蓝思水平[①]。

还有一个国际学校老师用得非常多的网站是 Newsela。这个网站把知名新闻期刊的报道做了几个层次的改写，方便家长和老师根据孩子的英文水平进

① 关注公众号“蓝思阅读”，选择“蓝思测评”，可以进行测评。

行选择，让孩子能以适合的阅读难度去阅读和关注时事新闻。

3. 固定时间 + 固定场景，引导阅读习惯的养成

有了阅读的兴趣和适合的书目之后，接下来就是要让阅读这个活动尽可能丝滑地嵌入日常生活。要想让孩子每天在家里落实阅读，就要把阅读的时间和场景固定下来。这样时间一到，场景一来，孩子就自然地去读书。

学龄前儿童的家长，可以用亲子阅读来培养孩子的阅读习惯。每天睡前半小时，由爸爸和妈妈带领读绘本或者讲故事。学龄前儿童的阅读习惯养成，一定要靠父母的坚持。

小学和初中生，可以每天睡前半小时或一小时读书，或者把阅读与写作业、练琴的时间穿插安排。重点是固定下每晚在家的活动顺序，到了固定时间点，不用过脑子，自发地到家里读书的地方打开书开始读。

4. 碎片时间“磨耳朵”

英语启蒙的重要环节是“磨耳朵”，做大量的听力输入是很有必要的。如果孩子在英语环境的幼儿园或者全日制学校就读，那么孩子每天在学校上课就是在练习听力，家长无须在家里再刻意安排。如果孩子上的是中文学校，可以在家庭生活里为孩子提供“磨耳朵”的环境。

听力与阅读的学习不同的是，听力不需要占用整块的时间。听力的提升可以利用碎片时间。早起吃饭的时间、上下学接送路上的时间、晚上洗漱的时间，都可以“见缝插针”地设置孩子喜欢的听力内容：英文歌、英文动画片、英文纪录片、英文播客、英文电影、有声书等。

听力材料的选择，可以从以下几个平台里获取：

学龄前：小小优趣、有声英语绘本。

小学生和初中生：每天英语听力、播客里的节目、喜马拉雅的节目。

5. 单词需要专门背诵

对于母语是中文的孩子而言，单词是需要专门背诵的。纯天然靠孩子通过阅读来积累词汇量的做法，从过往的学生经历来看，几乎没有成功的案例。孩子需要具备基础的单词量来开启英语阅读。

孩子如果处在基础单词量积累的阶段，就需要直接的词汇教学。在具备基础的单词量之后，才可以通过阅读来积累词汇。如果光靠阅读来积累词汇量，速度过慢，需要匹配直接的单词表背诵来促进词汇量的积累。

从小到大，从基础到进阶，孩子背诵的词汇表依次是剑桥通用英语一级（KET）[①] 词表或初中词汇表、剑桥通用英语二级（PET）[②] 词表或高中词汇表、大学四级词汇表、托福词汇表。

6. 适时引入考试，来检验英文水平的进步

在小学和初中阶段，家长可以通过英文考试来检验孩子的英文水平，为下个阶段的英文学习提供数据和反馈。有升学需求的家庭，需要更早规划孩子参加这些英文考试的时间。

在此还要提醒各位家长，低龄阶段学英文主要以保护和培养孩子的兴趣为主。在追求提高孩子英文能力的同时，注意不要过早地或者在孩子还没有准备好的情况下就让孩子参加英文考试。这样做或许会打击孩子对英文学习的信心，影响长远的英文学习规划。

表 3.1 是小学和初中阶段主要英文考试及对应的年级，方便家长参考。

表 3.1　英文考试及对应的年级

年级	升学目标	适合准备的英文考试
小学三～四年级		KET
小学五～六年级	小升初	PET
初中七年级	申请美初	小托福
初中八～九年级	申请美高	托福考试

① KET，Key English Test，是剑桥英语五级水平考试中的第一级。
② PET，Preliminary English Test，是剑桥英语五级水平考试中的第二级。

第二节 临时转轨：快速提升“听说读写”基本功的策略

很多英文基础不够扎实的孩子，到了高中阶段临时开始准备出国留学。这些学生的英语一般在高中之前没有提前规划，就是跟着学校的进度走，到了高中之后，学生是比较被动的。一方面申请海外大学需要实打实的托福或者雅思成绩；另一方面时间有限，必须做好时间规划来最大化出分的效率。

对这部分的学生，建议有两个，第一条建议是给孩子的，第二条建议是给家长的。

（1）孩子要听劝，听从英文辅导老师给出的训练建议并不打折扣地落实。无论背单词、练精听、总结错题等练习有多重复和机械，也要踏实执行。

（2）家长要帮孩子优选靠谱的负责孩子出分的老师。因为孩子当前时间紧、任务重，而家长对于快速提分的训练方法往往很外行，因此非常依赖靠谱的老师为孩子诊断情况并及时调整训练计划。

针对中途转到国际教育赛道，又需要快速出分的学生，总结了听、说、读、写四个科目的提分干货。家长在读了本节的内容之后，可以科学地帮助孩子提升英文水平，使得他们在最短的时间里达到最好的学习效果。或者至少家长在选择机构上，多一点把握和判断。

一、听力

听力的提升是一个“磨耳朵”的过程。相比于口语、阅读和写作，听力是一项可以通过“被动”的方式习得的技能。比如，从小泡在国际学校的英文语言环境当中的学生，在托福和雅思听力考试当中，往往有非常好的表现。这些学生没有为听力的提高做出刻意的练习，他们就是每天有一个“随时听、天天听”的语言环境，久而久之就把英文听力磨出来了。

对于没有语言环境的学生，听力的提高主要是通过精听练习来实现。所谓精听练习，就是播放一段听力之后，让自己逐字逐句地把这段听力中的字词都识别出来，然后通过听写的方式把这段话一字不差地写出来，或者用跟读的方式模仿着说出来。

没有任何方式可以代替精听练习来快速提高听力。这一点请大家务必相信。精听练习就是没有语言环境的学生能够快速提高听力水平的最可靠方法。

那么如何选择精听练习的材料？从兴趣的角度出发，孩子可以选择喜欢的英文歌曲、英文小故事、英文演讲或者英文新闻来练习精听。在做听写和跟读之前，先把这段英文的文字看一遍，在大脑中输入文字信息。接着再播放文字资料，用耳朵把这份材料消化一遍，把其中没有掌握的单词记录下来反复跟读，把没有用耳朵辨别出来的连音跟着模仿一遍，直到自己的发音和听力材料高度一致，就能保证下次再听到这段听力材料中的词汇的时候，耳朵能第一时间识别出来。

对于有难度的听力材料，比如托福和雅思的听力考试材料，也建议学生在做听写和跟读练习之前先把这段材料看一遍，然后再用耳机做跟读模仿或者听写，把信息用视觉先做一遍消化后，再用听觉来捕捉。

我在上大学筹备托福考试的期间，每天用原版托福听力材料做听写练习。一个讲座，或者是一个对话，可以听写出来一页纸甚至两页纸的内容。一开始这个过程非常缓慢，当时也没有智能手机或听力学习软件可以便捷地播放、暂停，反复播放听力材料。我就这样坚持了 20 多天的时间，每天做 6 小时左右的精听练习，最后拿到了听力考试接近满分的成绩。

二、口语

中国学生的英文口语想要提升，需要攻克两个难关：第一关是发音的语音语调；第二关是解决在口语表达当中的卡顿。

口语的语音、语调，需要通过跟读和模仿来解决。比如，可以跟着外国人读的材料进行模仿，反复听、反复模仿，直到自己的发音和英语母语者的发音接近。这种跟读与模仿尽可能在高中之前解决，孩子年龄越小，在口语的语音语调上的可塑造空间越大。

现在有很多家长会给孩子找外教，来帮助孩子塑造接近母语水平的语音语调，但是对于单词量在 3 000 个以下的孩子来讲，直接和外教进行交流和学习未必是时间和成本最高效的学习方式。在此阶段，受限于单词量及认知水平，外教能和孩子交流的信息是非常有限的。家长更多是花钱买了一张外教的外国面孔，实际孩子在跟外教的交流当中学到的很有限。

从雕塑孩子语音、语调的角度，最重要的是接触原版的听力材料，并且通过跟读的刻意练习，不断纠正和调整自身的发音和语调。孩子从模仿听力资料开始，听英文歌、看动画片、看原版电影、跟读绘本，这些优质的听力材料足够支持孩子雕塑他们的英语的语音语调。

现在有很多学习软件也为跟读练习创造了有利的条件。例如，在“每日英语听力”App 当中（见图 3.4），孩子可以很方便地选择喜欢的语料进行跟读。App 会给孩子的跟读录音进行打分，孩子也能通过分数来衡量自己跟读模仿的进步。

图 3.4　每日英语听力练习 App 截图

当孩子的英文水平进阶到中级水平的时候，就可以从和外教的交流当中，获得真正的信息和想法。海外大学普遍要求学生的英文水平达到中级，才能获得直接进入专业课程学习的资格。其实这些要求的本质是相通的，当孩子的英文水平到达中级之后，才能在纯母语的环境中参与学术学习。

口语要解决的第二个问题是卡顿。用英语表达出现卡顿的主要原因是，在表达的内容方面积累的素材和语料不够，说着说着就会出现想法和语料枯竭的情况，在这个时候就会出现卡顿。

想要解决卡顿，就得在自己想要表达的领域和方向上积累更多的语料，提升自己表达的范围和深度。例如，在留学面试的准备过程当中，学生要梳理自己过去的经历，找到表达自己感受和想法的准确词汇，打磨描述自己过去经历的叙事方式，最后通过反复练习增加熟练度，让自己在真正的面试环节当中，看起来游刃有余、进退自如。

在自己熟悉的生活经历之外，增加口语表达的语料，主要是听力和阅读材料的积累。现在很多学生会参加国内和国外的辩论赛，每参加一次辩论赛，学生都需要在前期就论题做大量的调研，了解支持正方和反方观点的不同证据，并从证据当中提炼和梳理自己的观点。正是因为有了参加大大小小赛事的积累，有过多年辩论经验的学生到了国外课堂，才会更加有自信谈论广泛的话题，参与课堂快节奏的观点交锋，让自己在课堂表现上拉满分。

三、阅读

阅读的提升需要做好两件事：一是单词的积累；二是语法的学习。

这么说可能听起来很没有吸引力，大家或许希望听到更多关于分级阅读、原版阅读、美国学生的同步书单，等等。但是，对于中文是母语的中国孩子而言，即使在学校有一个英文的语言环境，他们在学习阅读的过程当中也还是要突破单词和语法这两个挑战，才能过渡到自主进行英文阅读，实现从阅读当中学习知识的效果。

换句话说，单词和语法解决的是阅读的底层技术，能让孩子学会阅读（learn to read）；在单词和语法有了一定的基础后，再通过学习不同的精读策略，让孩子能够真正过渡到成为自如的阅读者（read to learn）。

接下来看单词。中文母语学生的单词量至少要积累到 3 000 个词汇，才具备阅读文本的基础。3 000 个英文词汇，就是高中毕业学生能掌握的词汇量。中文母语的学生在学习英文的早期，家长应该尝试用各种各样的方法，帮孩子尽快掌握 3 000 个英文词汇。在达到这样的水平之后，孩子就可以开始进行有品质的英文阅读，而不是打开一本书，发现很多单词不认识而受打击。在掌握 3 000 个单词之前，家长没必要特别纠结孩子正在看什么级别的阅读文本。

那么如何帮助自己的孩子获得 3 000 个基本的英文词汇量呢？如果孩子目前在小学和初中阶段，提高单词量有两个方法：

（1）学习自然拼读来了解英文单词的发音和拼写规则。

（2）通过大量的语言输入（阅读和听力）来重复在不同语境中见到的同一个单词，从语境中去理解这个单词的意思和用法。

这里可以给大家推荐几个“不背单词”App（见图 3.5），这个 App 可以帮助孩子在不同语境（电影、纪录片、动画片原声）中认识单词，而不是背单词。

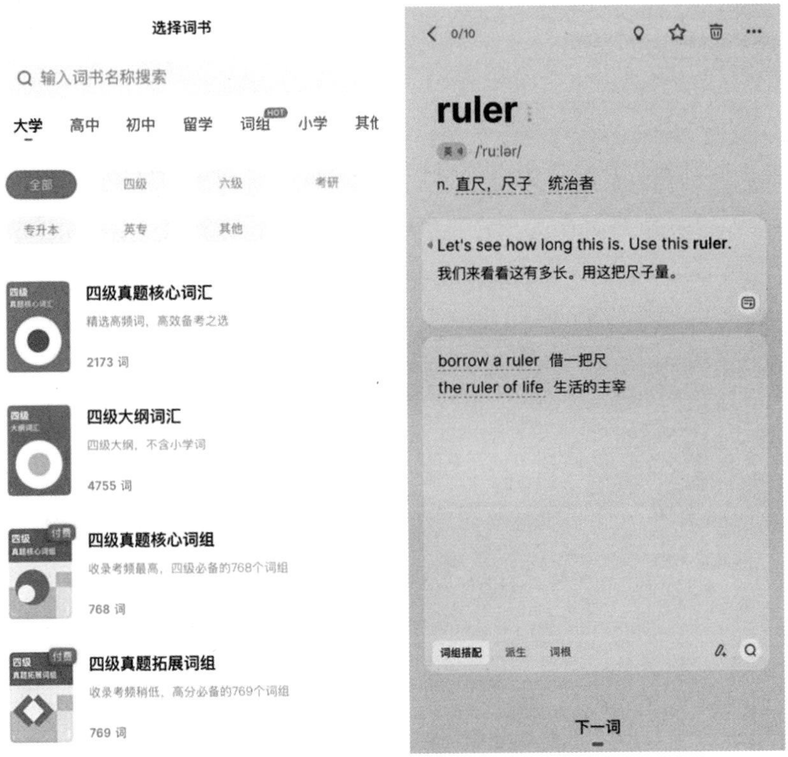

图 3.5　不背单词 App 截图

如果孩子已经到了高中阶段，提高单词量就需要更快速和有目的性的做法。高中的学生或者面临快速提高英语成绩需求的学生，通常都是通过背词表来提高单词量。我当年在大学期间为了快速啃下 2 万个 GRE 单词，也是狂刷 GRE 单词红宝书十遍以上。

提高背词表效率的方法，是掌握一定的词根、词缀知识，能够通过词根、词缀来猜测单词的意思。还有一个方法是使用联想、编故事与这个单词建立联系。接下来，就是不断地背诵，不断地忘记，再不断地复习，直到一个个单词从短期记忆转变为深深落入脑海的长期记忆。

很多学生都为自己背过的单词又忘记而感到懊恼和失望，他们忽略了忘记一个单词本身就是记下这个单词中间要经历的过程。作为一个高效的学习者，不必为忘记一个单词而内耗，坚持完成更多遍的复习，尝试换一种方法记下这个单词，就能最终掌握这个单词。

单词说完，下面来说语法。语法对阅读之所以重要，是因为精通语法可以促进阅读理解，特别是阅读又长又难的句子，更需要语法知识来拆解句意。可是,学习语法却是一个让人头痛的环节。很多学生花了大量的时间学习语法，但最后在写作中的句意表达依然很让人头痛。

这跟大家学习语法的过程和方式有关。想掌握好语法，首先需要搭建一个语法的知识体系框架，这对于学习过程的连贯性和系统性都有要求。而大部分学生学习语法的过程是分散在整个中学阶段的，这就会把战线拉得太长，连贯性差影响学习效果。我的好朋友，有着超过 15 年教学经验的英语学习行业领航人唐宁老师，建议学生在五年级之后，用两年的时间系统学习语法知识体系，这种集中学习的方式会让学生更快地感受到语法知识的用处，促进语法学习的效果。

在搭建完体系之后，掌握语法就依靠大量的反复训练。这些训练包括专项的语法知识点的训练，还有分解长难句的训练。

在搭建体系和刻意训练都完成之后，学生就能够感受到掌握了语法体系的阅读是如此不同。也就是从那个时候起，学生才能够领悟到前面背单词的重复以及学习语法时的枯燥，都是为了帮助自己迎来自由阅读的这一刻。

四、写作

中文母语的学生要学好英文写作，通常可以拆解为以下几步：

（1）抄写好词好句。我对当年在英语实验班学习最深刻的回忆，就是在牛津高阶词典、朗文高级词典里抄写了大量的句子。在抄写这些句子的过程当中，学会了单词在语境中的用法。不知道今天还有多少学生愿意去做这样又慢又笨的工作，但是我至今仍然认为当年抄字典里的好词好句，对于快速理解单词的用法，并且能够在写作和口语中使用高级复杂的词汇功不可没。

（2）改写和仿写句子。从这一步起，英语学习者已经开始进行自我的表达。只不过这一步的表达更像戴着镣铐在跳舞，所谓的“镣铐”就是你在仿写的句子结构。在这一步里，你可以尝试换词和短语来使句子带上你的个性化色彩，等你掌握了句式和句型之后就可以卸下镣铐，并把这个句式装进自己的口语和写作表达工具箱里。

（3）学习写段落和篇章的基本规范。中文写作和英文写作在这一点上有较大的区别。非虚构类的英文写作，对于段落和篇章的格式有明确的规范。在本章最后一节的学术英文部分，会再介绍学术写作的规范。学生从中文写作过渡到英文写作，需要去学习这些规范，并在练习当中逐渐将规范了然于胸。

（4）学写不同类型的作文。在不断修改的过程当中，精进自己的写作水平。我一直认为写作是最检验一个人的英文功底的方式，因为写作是系统性输出，对一个人的逻辑性思维、认知的边界、思考的深度、遣词造句的熟练度、知识面的广度都是一个检验。当我读到一些畅销书作家的作品，尤其本职工作不是作家的作者写出的作品时，就由衷感叹，写作是多么有力的个人品牌名片。因此，非常推荐各位同学多花时间练习写作，让写作成为你的名片。

第三节　高分通关：用托福、雅思、多邻国考试打开入学大门

一、标准化考试备考的常见误区

打好听、说、读、写的英语语言基础之后，下一步就是水到渠成在标准化考试中拿高分。先来看一看有关标准化考试和备考过程当中的三个常见误区。

1.“一分之差，差之千里”

标准化考试核心是拿到自己需要的分数即可，不必在反复刷分当中浪费时间。

为什么这么说呢？2013 年，我在哈佛大学教育学院录取委员会工作时发现，无论是教授还是学校的招生人员，对于申请人所获得的考试分数的要求是“过线即可”，至于超过分数线多少并不会直接影响一个学生的录取结果。

2013 年，哈佛教育学院的托福录取分数线是 104 分。达到 104 分之后，至于是 105 分还是 108 分，还是 112 分，教授和招生官并不会特别在意。

托福 104 分，对应的是英文的欧洲语言标准 C1 级别，达到这个级别，说明这名学生是一个熟练的英语使用者，能够胜任在哈佛教育学院的研究和学习。

有些人特别容易纠结托福的几分之差，总认为一分之差，就会使孩子在招生录取中的胜算一落千丈。这些家长是带着高考的思维去看待留学申请标

准的，这种看法大可不必。

英、美等国家在招生录取过程当中，不会只考查学生的英语成绩。他们考查学生的因素有方方面面，英语成绩只是其中的一个环节。对待这个环节，就像之前所说的过线达标即可。

2. 备考标准化考试，关键要掌握好考试技巧

在英语语言实力面前，考试技巧不算什么。大多数问如何提高考试技巧的学生，大概率都是英语基本的听、说、读、写能力还没有过关的。

标准化考试发展到今天，都在淡化考试技巧的作用，用自适应的机考来减少学生提前背题、押题造成的分数影响。在这样的大趋势下，基础分数段的学生应该老老实实夯实基础能力，也就是踏实做精听练习和认认真真地背单词。

家长能做的就是，找到合适的人来监督孩子完成一项项看似重复和枯燥的练习，并在孩子想要放弃的时候鼓励孩子坚持下去。

3. 要想获得高分，就要找到名师辅导

当孩子的语言成绩在基础分数段的时候，家长不必纠结找哪个老师来一对一辅导孩子。找什么样的名师，都不如找能每天管住孩子完成学习任务的老师。在此时，老师所能起到的作用，不是在英语教学上让孩子读懂多难的文章，而是充当孩子的教练，鼓励孩子坚持完成每天的任务，让孩子在看似枯燥的重复和刻意练习当中，感受到希望和进步。

当孩子通过基础分数段之后，能不能取得高分，关键在于优化孩子的做题习惯。在此阶段老师能够发挥的作用，就是科学诊断孩子听、说、读、写这四项能力上的瓶颈，并根据孩子的情况和分数需求，给出最有效的提分策略。

在科学诊断和提分策略上，经验丰富的老师和新手老师之间的水平差别很大。对于打算突破瓶颈，获得标准化考试高分的学生，到了最后阶段一定要找经验丰富的老师为自己把脉诊断，并给出科学有效的提分方法。

二、托福、雅思、多邻国三种考试特点分析

1. 托福考试

托福考试是由美国教育考试服务中心（ETS）举办的针对非英语母语者的英文能力测验。从 1964 年创立以来，已经有超过 2 000 万人报名和参加这个考试。托福考试适合计划去美国留学的学生。

现在学生考的是托福的网考（TOEFL–iBT）。学生可以在网上报名，去统一的线下考试中心考试，或者报名线上的托福家考，到了考试时间登录托福家考系统，在家完成托福考试。对于打算报名线下考试的学生，一定要提前几个月时间去锁定考位。通常下半年的线下考试中心考位非常紧张。

需要注意的是，尽管大部分美国院校都接受两种考试形式的托福成绩，但是有些院校不接受托福家考成绩。所以，学生一定要了解清楚自己申请的院校对于托福考试形式的要求。

托福考试一共分为四个部分，分别是阅读、听力、口语和写作。这四个部分单独计分，单个部分满分 30 分。托福考试的最终成绩，是四个部分成绩的和，满分 120 分。

从 2023 年 7 月 26 日之后，托福网考进行了新的改革。考试时间从近四个小时缩短到两个小时以内，这对于广大考生来讲是好消息。除了缩短考试时间之外，托福网考的出分时间也从原来的 6 ~ 10 天缩短到 4 ~ 8 天。

另外，托福考试成绩的有效期是两年。报名一场托福考试的费用是 2 100 元人民币。

2. 雅思考试

雅思考试是在全世界范围内广受认可的英语语言能力测试，考试由英国文化教育协会（British Council）、IDP 教育集团和剑桥大学外语考试部三方共同全球组织运作。

雅思考试分为学术类雅思、培训类雅思和生活技能类雅思考试。对于计

划申请本科、研究生及以上学位的学生，要报考的是学术类雅思考试。雅思考试主要面向申请英联邦国家的大学，也可以用来申请美国大学。

在考试形式上，雅思考试分为机考和纸笔考试。无论是纸笔考试还是机考，都需要前往考试中心参加考试。和托福考试一样，雅思考试分为听、说、读、写四个部分。不同于托福考试，雅思考试口语部分是由真人外教做考官，而不是在电脑上对着屏幕回答。

雅思考试的四个部分单独计分，每个部分的满分为 9 分。雅思考试的总分是听、说、读、写四个部分的平均分，无论是总分还是四个单项分，都可以有 0.5 分的情况。

雅思考试的考试时长在 2 小时 50 分钟左右。

相比于托福考试，报名雅思考试要更容易。雅思机考，一周有多次考试机会；纸笔考试，一周通常有一到两次的考试机会。通常情况下，不会存在想要报考但是没有考位的情况。

雅思考试的出分时间分别为纸笔考试 10 天左右、机考 3 天左右。和托福成绩一样，雅思成绩的有效期也是两年。报名一次学术类雅思考试的费用是 2 170 元人民币。

3. 多邻国考试

多邻国英语测验考试是由美国一家在纳斯达克上市的，专注提供语言学习网站及应用程序的互联网公司设计并运营。

多邻国考试最具有互联网属性，考试只有机考没有线下考场，只要学生家里有网就可以完成考试。多邻国借助计算机视觉、人工智能、大数据等多项技术，在防作弊技术上格外领先。经常有学生反馈自己得通过五六次身份验证，才能正式开始多邻国考试。正是基于多邻国考试在防作弊上表现突出，这个考试在 2016 年推出之后，就迅速获得广大海外院校的认可。

多邻国考试出分非常快，一般只需要两天。而且这个考试相比托福和雅思考试实在是便宜，考一次只需要 59 美元，相当于托福和雅思单次考试费用的五分之一。除了出分快、考试费用低外，多邻国考试的考试时长也只有一个小时。在这一个小时里，有 45 分钟的时间用来完成听、说、读、写的自适应测试。考试题目会根据学生前面的作答水平来变换。考试剩下的 10 分钟，学生会被要求完成口语与写作的开放问题。

多邻国考试成绩从 10 分到 160 分不等，满分是 160 分。一般情况下，多邻国考试 130 分对标托福考试 100 分、雅思考试 7.5 分的成绩。多邻国考试相当于托福考试的“平替”。

对于在托福考试中反复达不到理想分数或者在申请截止日期之前还没出分的学生，可以考虑参加多邻国考试。

表 3.2 是三种考试的特点分析。

表 3.2　三种主要英语标准化考试的特点

特点分析	托福网考 TOEFL-iBT	雅思考试 IELTS	多邻国考试 Duolingo English Test
主办方	美国教育考试服务中心（ETS）	英国文化教育协会(British Council)、IDP 教育集团、剑桥大学外语考试部	多邻国公司（一家在纳斯达克上市的、专注提供语言学习网站和应用程序的互联网公司）
对口国家	美国	英联邦国家	全球 4 000 多所院校
考试形式	机考，在考试中心或在家完成	机考或纸笔考试	机考，在家完成
		口语部分是真人对话	
考试时间	2 小时以内	2 小时 50 分钟左右	1 小时
考试内容	阅读 35 分钟，20 道题	听力 40 分钟，40 道题	自适应题目，45 分钟
	听力 36 分钟，28 道题	阅读 60 分钟，40 道题	口语和写作开放题目，10 分钟
	口语 16 分钟，4 道题	写作 60 分钟，2 道题	
	写作 29 分钟，2 道题	口语 11 ~ 14 分钟，3 道题	

续上表

特点分析	托福网考 TOEFL–iBT	雅思考试 IELTS	多邻国考试 Duolingo English Test
考试评分	听说读写，每部分 30 分满分，总分 120 分	听说读写，每部分 9 分满分，总分是四部分的平均分	10 ～ 160 分的分制，满分 160 分
可用成绩	80 分及以上	6.5 分及以上	120 分及以上
出分时间	4 ～ 8 天	机考：3 天左右 笔考：10 天左右	2 天
成绩有效期	2 年	2 年	2 年
考试费用	2 100 元人民币	2 170 元人民币	59 美元（约 420 元人民币）

第四节　学术英文：用阅读和写作实现高阶思想交流

本节介绍学术英文。说到学术英文的概念，很多家长可能会觉得很陌生。学术英文是什么？学术英文和送孩子去留学有什么关系？

一、什么是学术英文

其实孩子在学英语的过程当中，都是先从生活英文入手，并且符合听、说、读、写的学习顺序。例如，大家学一个单词“apple”，孩子先知道它的发音（听），然后可以自己模仿发音并知道它的汉语意思所指（说），然后可以从几个单词中认出“apple”的拼写（读），最后孩子可以自己拼写出单词（写）。接着，把所学单词放到语法框架中，学如何用“apple”来造一个生活化的句子，让它产生更丰富的语义。

例如：

中文：我今天上学在书包里放了一个苹果。

英文：I put an apple in my bag to school today.

慢慢地，随着孩子进入中学阶段，抽象思维能力逐渐提升，就会越来越多地接触到一些学术内容。他们会在生物课上学习苹果属于蔷薇科，苹果在全球哪些地区种植范围最广？苹果的基因是什么？在种植苹果的过程当中，有没有使用转基因技术？在文学课上，苹果有哪些象征意义？这些就属于对

“苹果”在学术层面的讨论。

孩子学英文都是从生活化的语言开始。从生活入手学习英文，会让他们觉得英文可以与自己的现实生活产生联系。当孩子进入小学高年级，逐步从具象思维过渡到抽象思维，能够从认知层面理解生活中看不见、摸不着的概念，就可以逐步过渡到追求学术上。

学术英文，简单来说，就是从小给孩子做英文学习规划的终极目标和最高追求。因为说到底，希望孩子掌握英文，不是简单让他们能和路上遇到的外国人寒暄两句，而是希望孩子能通过英文打开一扇认识世界的窗户，能通过英文去进行高阶思想的对话。海外学校设置托福、雅思、多邻国等考试，也是为了验证学生已具备使用英文在学术场景中交流的能力。说得再通俗一点，前面所有让孩子学英文的努力，是为了孩子有朝一日能够“用英文去学习”。

那么，学术英文具有什么特点呢？学术英文和日常生活英文的不同主要体现在：

（1）学术英文是一种书面的语言，是学术论文、学术研究中的通用语言。一般学生最早从高中阶段学习国际课程（IB，AP，A-Level）开始接触学术英文，并在大学阶段的学习任务中主要使用学术英文来完成学术论文、进行演讲和展示。

（2）学术英文强调“说理”，不强调“抒情”。学术英文的语调是客观和中立的，它并不是表达个人情感的作文，它的作用是呈现获得知识的过程，注重分析和推理，不重视抒情。

（3）学术英文有自己固定的格式和规范。比如，引用他人观点的格式，书写段落的格式和文章段落的固定格式。

二、何时开始抓孩子的学术英文能力

学术英文虽然如此重要，但不是所有的孩子都适合马上上手学习学术英文。

首先，学习学术英文有一个门槛。最好是在孩子具备了基本的英语语言能力之后再来提高。简单来说，孩子的托福成绩达到 90 分以上，最好是 100 分，或者雅思成绩达到了 6.5 分和 7 分的水平，再开始着手提升学术英文。因为，托福达到了 90 分以上，代表孩子的英文基本达到了中级水平。这个时候，孩子的基本英语语言能力已经到位，可以做更多自主拓展和延伸。

其次，最早不要早于小学五年级。前面已经介绍过学术英文的语言和表达是抽象和脱离生活的，需要孩子具备一定的抽象思维能力。从发展心理学的角度来看，孩子从 10 ~ 12 岁开始会逐步发展抽象思维能力。这个阶段更适合引导孩子从兴趣出发，探究更深层次的学术话题。

三、提升学术英文能力，从阅读非虚构类图书开始

在具备基本的英文语言能力之后，提升学术英文为大学学习做更好的准备，可以从读第一本非虚构类图书开始。

非虚构类图书，就是非小说、非故事类的书籍。把它们叫作非虚构类图书，就是说这类书是基于现实世界的阐述，不是想象的故事。有哪些常见的非虚构类图书呢？包括人物自传、科普、历史、经济书籍等。

孩子在读非虚构类图书的过程中，逐渐能接触不同领域的专有名词、专有概念，认识自然和社会现象，会逐渐从生活化的英文过渡到使用英文讨论抽象的事物。

在引导孩子读非虚构类书籍时，一定注意要从孩子的兴趣出发。有的孩子喜欢体育明星，那就可以从读运动员的自传开始。或者孩子很喜欢汽车，读英文的汽车杂志也可以。再比如，有的学生进入中学后，对女性社会地位的相关议题感兴趣，可以从法国、美国等多个国家的女性主义学者的书籍入手，在比较多个学者的书籍后，厘清对女性主义的思考。还有的学生痴迷于宇宙的奥秘或者基因的故事，那么霍金的《时间简史》和理查德 · 道金斯的《自私的基因》也是很好的选择。

在选择书籍时，尽量选择跟孩子的词汇量相匹配的书籍，这样孩子读起来不会有特别大的挫败感。一本书中的生词量，基本要控制在 5% ~ 10%，孩子才可以把这本书当作泛读的材料。

在本章为大家推荐过蓝思网站，在这个网站中可以选择和孩子的英文词汇量相当的书籍。蓝思网站把常见书籍的英文难度做了一个划分，孩子可以通过做完蓝思测试来获得自己的蓝思指数。然后根据这个指数，在蓝思网站上找到适合自己英文水平的图书。

另外一个促进孩子阅读理解的方式，是引导孩子在感兴趣的文本阅读上，用平行的中文译本对照着看。我有一个学生对基因很感兴趣，但是他的英文学习起步晚，到了高中阶段还在中级水平，还不能实现阅读经典英文原著。了解到她在生物领域的具体兴趣是基因和遗传学之后，我们引导她去读理查德·道金斯的《自私的基因》。这本生物学的经典书籍上来就读肯定困难不小，所以，推荐她先从得到 App 中听这本书的解读，让她对内容有大致了解。接着，她把英文原版和中文译本对照着看，先读一章中文译本，再看一遍英文原版。就这样，她把自己的第一本生物学经典英文原著啃了下来。这对她学习英文和进一步探究生物学的信心，有了不小的支持。

前面提到提升学术英文主要是为了能够进行高阶的思想交流。那么，在读书的过程当中，家长可以引导孩子一边读一边做笔记，这样不仅可以促进理解，同时也能帮助孩子把书中阐述的新概念和过往的认知做链接。

在边读边做笔记上面，有的孩子可能会说：“哎呀，这本书是我感兴趣的。我在读的时候，不想被做笔记限制住。”如果是单纯从兴趣出发做泛读，孩子可以不做笔记。但如果想借读书而对一个话题产生深入、多角度的理解，就会发现不做笔记很难对一个问题产生深入的认知，尤其是到细微之处的理解，不仅会遗忘，时间长了还会产生偏漏。

在边读书边做笔记上，这里推荐古典老师介绍的卡片读书法。这个方法简单来讲就是在读书的过程中，每读完一个章节，最好问自己四个问题：

第一个问题：能不能用自己的话解释此章节中介绍的核心概念？

第二个问题：生活中遇到的哪些事情跟书中介绍的内容是有关联的？

第三个问题：看完这一部分内容，对个人的生活体验和选择有哪些启发？

第四个问题：下一步的行动指南是什么？

四、真正展示英文实力的学术写作

说完了学术阅读之后，接下来介绍学术写作。国际教育体系的学生，最晚到了高中阶段就会正式接触到学术写作。在国际课程 IB、AP 和 A-Level 的学习中，学生会面临各科老师布置的学术论文、实验报告、当堂写作等任务。高中阶段的学术写作，会为孩子适应大学的学术研究论文写作做好铺垫。

结合过往学生的经验，写好学术写作，最重要的是关注四个方面：

1. 引用规范

引用规范，涉及一个学生对于学术诚信的理解，所以受到国外大学和高中的重视。一般来讲，在国外大学或者国外高中入学的第一年，老师都会特别强调并且专门详细地给学生介绍如何遵守学术诚信，以及如何写出一篇符合学术诚信要求的论文。其中涉及的重点内容，就是关于如何引用其他学者的学术研究成果。因此，掌握学术引用的规范是学术写作的一个基本功。

2. 学术写作涉及具体的谋篇布局规范

这里涉及两个挑战：一是学写段落，二是学写篇章。例如，在学术写作中，一个规范的段落一定是把这一段的中心思想放在段落的第一句话。接下来，再通过举例，展示支持这个中心思想的证据，进而一步一步阐述核心观点。除此之外，在篇章写作上也需要遵守规范。例如，学术论文通常包括摘要、引言、方法、数据分析、讨论和结论部分，以及参考文献列表。

在学写段落和篇章中，最主要的是给孩子布置写作练习，并在他们写完之后，有老师给予反馈和批改。优聚中心学术总监，鹰 3000 学习软件主开发韩雪老师说，最早可以从孩子四年级开始进行有针对性的训练。提高学术写作最重要的一个方式，就是让孩子写完之后，由该学科的任课老师或有经验的写作教练给孩子提供反馈。反馈完后，孩子再接着改。写完新稿之后，再交给老师来反馈。这样一轮一轮反馈和修正过程，正是提升学术写作最重要的路径。有时候我觉得孩子在学校或其他学习渠道能获得的最大价值，就是找老师给自己批改作业。

3. 自己的观点

这一点也是最重要的一点。学术写作要想写得好，一定需要学生对于某个话题建立足够的认知之后，可以产生自己的观点。大部分学生的写作，其实都是在总结或者转述别人的观点。这样在一开始不会有什么问题，因为绝大多数人都是先从理解别人的观点、总结别人的观点、转述别人的观点开始，再对一个问题产生自己的认识。随着读的书越来越多，学习更加深入，特别是进入大学以后，学生需要有能力就一个问题产生自己的观点。

建议学生就自己对某个问题的认识做一个思维导图，来整理自己的思路，把思维导图中每个想法之间的关系也标记出来。用思维导图整理完思路之后，再列写作大纲。列完大纲之后，才写草稿。

很多学生写作的时候，没有遵照从思维导图到大纲，再到草稿的“标准写作流程”。他们往往是看到一个题目之后，上来就写。这样写出来的文章，并不能呈现经过前期大量阅读沉淀下来的思考和认知，建议一定要遵照整理思路、列出大纲、写草稿的写作流程。

4. 检查并确保自己的写作内容回答了题目的要求和合乎评分标准

老师在布置学术写作任务前，通常会发放对写作的要求，如写作题目、字数要求和评分标准。在辛辛苦苦经历了前期阅读、调研、做笔记、画思维导图和列大纲之后，动笔之前，学生务必确定没有遗漏题目的各项要求及合乎评分标准，这样才能确保写作最终获得相应的认可。

第四章

探寻彼岸：解密热门留学国家的细微差异

不少留学打算的家庭，在选择留学国家的时候都有些茫然。跟着学校指导的留学国家走，或者跟着身边出国的人一起走，是最常见的家庭选择留学国家时的做法。

本章会剖析一些主要留学国家的差异，先横向比较几大热门留学国家的特点，再逐一分析每个热门国家的大学概况。家长可以本章的内容为基础，结合自己家庭的需求和孩子的情况，做出最匹配自己家庭情况的选择。

第一节　留学国家选择之道，快速选出最适合的国家

对于留学而言，孩子拥有非常多的选择。决定去哪个国家留学，是一个重要的决定，需要综合考虑多方面的因素，才能做出对自己的学业、职业和人生发展都负责的决定。先从对比了热门留学国家和地区特点的表 4.1 入手，从留学预算、录取难度、备考难度和就业移民的难易程度把几大留学目的地做了横向比较，用星代表不同的要求，5 星代表最高的要求，1 星代表最低的要求。

表 4.1　热门留学国家和地区特点

<table>
<tr><th>地区</th><th>美国</th><th>英国</th><th>加拿大</th><th>澳大利亚</th><th>新加坡</th><th>欧洲大陆</th></tr>
<tr><td>留学预算</td><td>4 ~ 5 星</td><td>3 ~ 4 星</td><td>2 ~ 3 星</td><td>2 ~ 3 星</td><td>2 星</td><td>1 星</td></tr>
<tr><td rowspan="3">录取难度</td><td>前 30，5 星</td><td>牛、剑，5 星</td><td rowspan="3">前 3，3 星</td><td>热门专业，3 星</td><td>国立、南洋，5 星</td><td rowspan="3">需要过小语种语言关</td></tr>
<tr><td>前 50，4 星</td><td>非牛、剑 G5，4 星</td><td>非热门专业，1 ~ 2 星</td><td>私立大学，1 星</td></tr>
<tr><td>前 100，3 星</td><td>非 G5 前 10，3 星</td><td></td><td></td></tr>
<tr><td>备考难度</td><td>4 ~ 5 星</td><td>3 ~ 4 星</td><td>3 星</td><td>2 星</td><td>3 星</td><td>3 星</td></tr>
</table>

接下来，梳理选择留学国家的几条关键线索。

一、用留学预算来判断去哪儿读书

留学预算是一个非常现实的话题。在中国经济从高速增长发展至稳定增

长的时代，家庭更是需要在规划留学的早期就考虑留学预算这个话题，以便选择最适合家庭预算条件的留学国家或地区，避免出现留学“断供”，让孩子能无后顾之忧地专心完成学业。

这里为大家呈现热门留学国家或地区的花费情况。即将展示的留学费用是一般学生在2023—2024学年在外留学一年的花费，包含学费、食宿费和生活费。因为不同孩子的生活消费的习惯大有不同，留学的花费没办法给大家做一个精确的评估，以下数字只是给大家提供一个参考：

60万元及以上：美国超大城市（纽约、洛杉矶、旧金山等城市）的私立大学。

50万～60万元：美国非超大城市私立大学，英国伦敦地区大学，加拿大超大城市（多伦多、温哥华）大学，澳大利亚超大城市（悉尼、墨尔本）大学。

40万～50万元：美国公立大学，英国非伦敦地区大学。

30万～40万元：加拿大非超大城市大学，澳大利亚非超大城市大学，新加坡。

10万～20万元：德国。

可以看出，留学花费最高的是美国私立大学，特别是在纽约、洛杉矶、旧金山等美国超大城市留学的花费是最高的；紧随其后的是英国伦敦地区的大学；接下来是加拿大和澳大利亚核心城市的大学；再下来是新加坡和德国、荷兰等欧洲国家留学。

二、从录取难度来选择留学国家

在第一章中家长已经了解从考取世界名校的难度上来看，美国前30的大学，英国以牛津、剑桥、帝国理工为代表的G5大学，新加坡国立大学和南洋理工大学目前对于国学生来讲是录取难度最高的学校，一共是 37 所大学。

这 37 所大学录取的学生交集很广。近两年，有被美国前 30 大学录取了的同学，放弃美国大学的录取通知书，转而选择入读新加坡南洋理工大学。也有被英国剑桥大学录取的学生，放弃剑桥的录取，转而选择美国的顶级文理学院。

在这一梯队之下，下一档具有较强选拔性的大学是美国第 31 ~ 50 大学，英国第 6 ~ 10 大学，加拿大的多伦多大学、麦吉尔大学、英属哥伦比亚大学等。

从获得世界前 100 大学录取的概率来看，普通学生可以够得着的世界名校，包括：澳大利亚国立大学、墨尔本大学、悉尼大学、新南威尔士大学、昆士兰大学、莫那什大学，英国的布里斯托大学、华威大学、利兹大学、杜兰大学、曼彻斯特大学，以及欧洲的苏黎世联邦理工大学、洛桑联邦理工学院、隆德大学、阿姆斯特丹大学等高等学府。

三、从备考难度来选择留学国家

备考难度，也就是准备本科留学的复杂程度。备考难度越高，越需要家庭提早进行规划和相关的布局，才能获得最理想的录取结果。

表 4.2 展示了去这些国家读大学，需要在高中做哪些准备。

表 4.2　本科留学难度对比

需要做的准备	美国	英国	加拿大	澳大利亚	新加坡
高中成绩 （平时和 AP/IB/A-Level 国际课程大考成绩）	参考平时和大考成绩	参考大考，部分参考平时	只看大考	只看大考	只看大考

续上表

高中选课	文理兼修	契合专业	契合专业	契合专业	契合专业
语言成绩	托福或雅思 SAT/ACT	雅思或托福，高中美式课程需要 SAT/ACT	雅思或托福	雅思或托福	托福或雅思，高中美式课程需要 SAT/ACT
课外非学术活动要求	有要求	无	无	无	无

可以看出，美国是热门留学国家中从留学准备的复杂程度上看要求最高的。美国的大学既要考察孩子的学业表现，也关注孩子在课外是否对其所在的社区作出贡献，是“既要成绩，也要能力”。

如果一个家庭在小学阶段就明确要送孩子出国读大学，那么只要按照最高标准的美国大学的要求去做准备，到了高中阶段，孩子基本可以胜任热门留学国家的各项申请要求。因为美国顶尖大学的要求最高，朝着这个方向去规划，最后即使够不到美国顶级大学的门槛，也可以拥有很多其他的优质选择。

对于部分学生而言，出国留学是为了能够最终留在国外工作和生活。这部分学生就需要在规划留学的时候，综合考虑不同留学国家对留学生毕业后就业和移民的规定。

在选择留学国家时，也要参考在当地的实际生活体验。例如，留学目的地的犯罪率和校园安全情况，当地的气候条件（雪季、雨季长短、一年当中晴天的天数等），与国内的时差，回国交通的便利性以及当地社会对中国学生的友好程度等。

经过一番对主要留学国家的调研之后，会发现其实没有一个“完美”的留学国家。对留学国家的选择要求越多，往往需要学生特别优秀以及家庭条件准备充足。

对于普通学生和普通家庭而言，在选择留学国家时建议优先考虑对自己最重要的因素，舍弃相对不太重要的因素。例如，最看重大学的排名，那么就选择孩子能力范围内能够到的最高排名的大学，对于其他因素，如大学所在地区的气候条件等，就适当取舍，这样在选择留学国家的时候才不会陷入反复纠结中。

下一节，逐一介绍美国、英国、加拿大、澳大利亚、新加坡和以德国为代表的其他欧洲大陆国家的大学情况。

第二节　美国大学：多元高能之选

美国是世界上高等教育最发达的国家，无论是大学的数量，还是大学的质量都领先其他国家。一个学生选择去美国留学，由于美国大学提供的选择非常多样，无论这个学生的起点和背景多么小众，基本都能在美国找到一所适合自己的大学。

一、美国大学概况

美国的四年制大学有 4 000 余所，这些大学包括了每个州的公立大学及其若干分校，私立研究型大学、重视本科生教育的文理学院，以及各种各样的只提供某一类专业的大学（如理工类大学或艺术类大学等）。

单纯从学校的数量上来看，高等学校的数量美国第一。选择美国的大学就像进入了一个超级百货商场，一定需要专业的向导，才能让大家选择大学的时候不会迷路，在琳琅满目的万千商品当中找到适合自己的那一款。

除了数量上领先，美国所拥有的世界名校的数量也是全球之最。在 2025 年 QS 世界排名前 100 的大学里，美国大学占有 25 个席位。这份榜单还仅统计了美国的综合类大学，不包含只提供某一类别专业的大学和只提供本科教育的文理学院。如果算上这部分大学，那么能够位列世界顶级大学的美国学校的数量会更多。

接下来给大家展示三所顶级的、个性标签非常鲜明的美国大学：分别是美国建校时间最早的常青藤名校——哈佛大学（见表 4.3），世界顶级理工科院校——麻省理工学院（见表 4.4）和极具美国特色的顶级文理学院、女子学院——韦尔斯利学院（见表 4.5）。这三所大学的历史和风格各不相同，每所大学都宣称立志承担属于自己的独特使命。

表 4.3　哈佛大学

哈佛大学（常青藤名校）	
学校特色	追求卓越，致力于培养具有国际视野和全球意识的领导者
2024 US News 美国综合类大学[①] 排名	#3
2024 QS 世界大学排名	#4
学校类型	私立研究型大学
建校时间	1636 年
地理位置	剑桥，麻省
城市区位	中型城市（市区）
城市规模	中型城市
在校生人数	31 345 人，其中本科生 9 579 人
国际学生比例	10%
师生比	7∶1
学费	$83 538
录取率	3%
热门就读专业	社会科学、经济学、计算机科学、政治学、数学

表 4.4　麻省理工学院

麻省理工学院（顶尖理工强校）	
学校特色	以创新和实践为导向，倡导跨学科研究和合作，培养学生在现实世界中进行创新和解决复杂问题
2024 US News 美国综合类大学排名	#2

① US News：美国新闻周刊大学排名是最受关注的美国大学排名。

续上表

麻省理工学院（顶尖理工强校）	
2024 QS 世界大学排名	#1
学校类型	私立研究型大学
建校时间	1861 年
地理位置	剑桥，麻省
城市区位	中型城市（市区）
在校生人数	11 934 人，其中本科生 4 638 人
国际学生比例	10%
师生比	3 ∶ 1
学费	$79 850
录取率	4%
热门就读专业	计算机科学、电子工程、机械工程、数学、物理

表 4.5　韦尔斯利学院

韦尔斯利学院（顶尖文理学院和女子大学）	
学校特色	通过扎实的通识教育、小班教学的个性化支持，培养女性领导力和社会责任感，鼓励学生发展兴趣并追求学术和职业的成功
2024 US News 美国文理学院排名	#4
2024 QS 世界大学排名	美国文理学院不参与这项排名
学校类型	私立文理学院（女校）
建校时间	1870 年
地理位置	韦尔斯利，麻省
城市区位	大型城市（郊区）
在校生人数	本科生 2 461 人
国际学生比例	16%
师生比	8 ∶ 1
学费	$83 050
录取率	14%
热门就读专业	经济学、政治学、计算机科学、心理学、生物学

哈佛大学、麻省理工学院和韦尔斯利学院是三个不同类别的美国大学。从表 4.3~ 表 4.5 中能看到这三所大学完全不同的使命、规模、热门专业和录取难度。

在美国，即使在同一个类别的学校里，比如都是私立研究型大学，大学之间的差异也非常明显。例如，位于芝加哥五大湖地区的西北大学和位于罗德岛的布朗大学在 2024 年的 US News 美国大学排名上并列第九，但是两所学校的风格完全不同。

西北大学强调求职导向，非常看重大学学习的实用性。这所大学录取的学生也多为目标感极为清晰的孩子。而位于罗德岛的布朗大学，号称“最开心的藤校”（the happiest Ivy），大家为了求知和探索的无边界感来到这所大学，与强调求职导向的西北大学相比形成了完全不同的一种氛围。

二、美国大学的优势和特点

美国大学的种类极其丰富。从位于金字塔顶尖的常青藤名校，到各个州的州立大学，再到专注培养卓越女性的女子文理学院，以及为极客、创客提供创新土壤的创新型大学，还有理工科大学、艺术类专门院校不一而足。

除了种类丰富、风格多元，美国大学的另一个特点是非常灵活。这种灵活性体现在，学生从一所大学转到另一所大学的转学通道是极为畅通的。一个学生只要愿意持续努力，总可以从一所学校转到更好的学校或者在下一阶段的教育上，追求更高质量、资源更丰沛的学校。过往我们辅导学生从文理学院转到综合类大学，从一所排名较低的综合类大学转到另一所名气更大、资源更多的综合类大学的案例有很多。

美国大学的灵活性同时体现在选择专业的灵活性上。学生进入美国大学，并不需要提前选定大学专业。在进入大学之后，也有灵活更换大学专业的可能。美国大学本科教育的模式是通识教育，给学生前两年的时间去探索不同的学术领域，在充分体验之后，在大二下学期做出自己的专业选择判断。即使在选定了专业之后，也可以再做调换。除了中途要转去像工程学院等对前置课程有较高要求的专业，一般大学不会给学生设立转换专业的关卡。即使是看上去毫无关联的专业，如物理和视觉艺术，美国大学也支持学生去做 180 度的专业兴趣调换，因为其相信学生始终在探索自己的优势，以及在和不断变换的社会去博弈出最佳的个人价值点。有关选择专业的话题，会在第五章做更全面的介绍。

除了大学种类的多样，美国大学也着力录取一个多样化的班级。大学希望录取的学生在追求真理、拥抱变革这些价值观上是一致的，但又希望这些学生各有不同，有望冲击奥林匹克金牌的体育生，喜欢研究生物发现昆虫新物种的学生，未来的人文学者、商业领袖和社会创变者。

芝加哥大学的前招生官用这样一个比喻来表达美国大学的选人哲学：选拔新一届的芝大学生就好像要邀请一桌人来参加家宴，你希望这些人有共同的价值观，这样，大家能够坐在同一张桌子上共进晚餐，不至于发生争吵闹得不愉快；同时，你也希望他们各有不同，这样一个晚上的餐桌时光永远不缺吸引人的话题，彼此深入交流可以激发出有启发的思路和观点。

三、中国学生赴美留学的最新趋势和观察

容闳 1847 年到达耶鲁大学，他是第一个从美国名校毕业的中国人。在过去上百年的时间里，众多中国学生在美国大学的校园里实现自己的梦想和抱负。中国是美国校园里国际学生的第一生源国。

根据 Open Doors 的报告，2022—2023 学年共有 289 526 名中国留学生在美国留学，其中有 100 349 名学生在美国就读本科。虽然近些年赴美留学受逆全球化等方面的影响，但美国依然是中国学生考虑本科留学的主要目的地国家。

中国学生选择在美国大学就读的专业非常广泛，从理科、工科、商科到人文、艺术、社会科学，在美国大学读书的中国学生的主修专业覆盖了美国大学提供的所有主要的专业类别。近年来，除了计算机工程、数学、自然科学、商科专业长盛不衰，选择在美国就读艺术专业、人文专业和社会科学专业的学生人数也追赶上来。

什么样的学生适合去美国留学？结合对过往学生案例的追踪调研，以及10年来在行业中的观察，能够在美国大学里学得好的学生通常具备以下特点：

1. 学习兴趣广泛

有不止一个喜爱的专业方向，特别是对跨学科专业展现出浓厚的兴趣。例如，结合了艺术与科技的数字媒体专业，结合了生物、化学、心理学专业的神经科学专业，结合了政治、经济学、文化学、社会学专业的国际关系学专业，以及结合了经济学、社会学、生物学、生态学和化学专业的环境科学专业。

跨学科的专业特别容易在美国大学这种自由灵活的氛围当中得到蓬勃发展，对跨学科专业感兴趣的学生适合去美国读大学。

2. 学习不偏科，文理兼修

美国大学对于学生在高中的预备学科有比较明确的要求，为了能够在美国大学的录取当中有优势，学生需要在高中期间学四年的英文、四年的数学、三年的科学、三年的历史和社会科学。

在实际的大学录取过程当中，文理兼修的学生会容易获得大学的青睐。例如，对生物化学有浓郁兴趣同时擅长写作的学生，或者对社会科学感兴趣的学生同时特别擅长做量化分析，或者是热爱戏剧表演的“理工男”，这些都是吸引顶级美国大学招生官的有利条件。

3. 善于表达自己和利用外部资源

美国的文化里特别强调口语表达，擅长表达自己的学生会在美国大学里如鱼得水。在课堂上敢于表达自己想法的学生，更容易获得教师的关注，在课堂参与上获得高分。因为这些学生有了比较多的展示自己、让别人认识的机会，在小组合作的项目上往往也能选得到更好的队友，在完成作业的过程当中获得教授更多的支持和帮助。

美国大学尤其是实力雄厚的私立大学资源极其丰厚，擅长寻求外部资源帮助的学生经常能"薅羊毛"。例如，一名学生在芝加哥大学读书期间，申请到了一个没有任何薪水的暑期实习项目，但是，他通过在学校不同的办公室之间反复游说，最后成功从芝加哥大学申请到两笔经费，足以覆盖他整个暑期实习期间的全部开销。

4. 对新事物怀有开放性

美国大学的头两年采用通识教育的模式，希望学生能够通过学习不同领域的课程去挑战对于专业固有的看法，尝试新的学科，听一门自己从来没有听过的课。

一名在明德学院[①]就读的学生在大学第一年的新生研讨课程中，选择了一门政治学的课。这门课以美国政治为蓝本，对于国际学生就读是极其困难的，他当时选这门课的时候发现班里面的同学都是美国本土的学生。通过挑战自己，上一学期下来之后成为班级这门课成绩最高的学生，获得了教授的夸赞。通过这门课他发现了自己对政治学领域的兴趣，在这门课程中结交的朋友对他后面在美国实习找工作也有极大的帮助。

5. 注重思辨，追求真理

美国大学的特色教室是一个研讨室，学生和教授围绕一个叫作哈克尼斯[②]的大桌子坐下来。大家可以坐在这个桌子的不同角落，发表对问题的看法。

---

① 明德学院（Middlebury College），是一所美国顶级文理学院。

② 哈克尼斯教学法，是一个源自美国菲利普斯埃克塞特学院的、以圆桌讨论为基础的教学法。这个教学法强调鼓励学生参与课堂，积极发表自己的观点。

教授也不把自己当作知识的拥有者，通过苏格拉底式的提问[①]，帮助学生不断剥开现象看本质，不断接近真理。

6. 留学储备金充足

美国大学的花费在所有主要留学国家当中是最多的。打算到美国大学留学的家庭，要准备每年 6 万到 10 万美元的一个留学预算。公立大学比私立大学的花费稍微低一些。学生如果不是在繁华的大都市就读，生活成本上也会低一些。即便如此，也要准备至少每年 6 万美元的留学储备金才比较保险。

① 苏格拉底式提问，是一种在英美大学里常见的教学法，通过谦和的态度提问，引领人们主动思考，从而得出自己的结论。

第三节　英国大学：中产家庭的实惠之选

一、英国大学概况

英国所拥有的大学数量 130 所左右，其中有 15 所大学排名在 QS 世界大学前 100 位。如果把英国大学比作一个王冠,那么这个王冠上的钻石就是牛津、剑桥两所大学。这两所大学是世界上最古老和最知名的大学。除了牛津和剑桥大学之，伦敦大学学院、帝国理工学院、伦敦政治经济学院、爱丁堡大学、圣安德鲁斯大学也是英国的知名大学。尽管英国有一部分私立学校，但是绝大部分大学是公立大学。

英国大学的学制比中国和美国都短一些，大部分是三年获得本科学位，四年获得本科加硕士学位。少数专业以及苏格兰地区的大学学制是四年。

申请英国大学，学生需要在入学的时候就确定大学专业。如果进入大学之后改变想法，那么只能先退学，再重新申请自己想学的专业。从进入英国大学的第一天起，学生就开始读跟本专业相关的课程，先从基础课程开始，再逐步深入学习本专业的高难度课程。因此，在英国读大学的学生花了至少三年的时间学习本专业的知识。相较而言，美国大学的学生一般要到大二才开始进入专业课程的学习。

英国大学在申请流程上是非常清晰的。大学选拔学生只看学业成绩以及与专业相关的学术准备。与专业相关的学术准备，包括学生在高中学习的课程是否与大学专业相关。例如，打算报考生物医学工程的学生，需要在高中期间学习高难度的数学和物理课程，以便在学术上能够衔接大学难度的专业课程。在申请英国大学时，学生需要提交国际大考的预测成绩、与申请的这个大学专业相关的课外学习经历，以及完整的大学申请表格和文书。

牛津大学和剑桥大学在申请的程序上稍微复杂。除了提交大学申请的表格，还需要完成跟专业相关的笔试和面试。笔试和面试的成绩与学生最后能否成功拿到录取直接相关。同时，这两所大学也需要学生除了选择专业外，要在提交大学申请时选择学院。各个学院的录取是独立的。这两所大学的截止日期也更早，在每年的 10 月 15 日。申请牛津大学就不可以申请剑桥大学。这两所大学公布录取结果的时间是在次年的 1 月底。

和美国大学不同的是，英国大学给出的录取通常是有条件的录取。也就是说，学生在完成高中最后的国际课程大考之前并不能确定自己是不是能够最终获得英国大学的录取。A-Level，IB 和 AP 的考试时间一般是在 5 月。这三个考试公布结果的时间，一般是在 7 月和 8 月，所以学生得等到那个时间才能够明确自己是否能够达到大学录取的条件，然后把有条件的录取转换成正式的录取。所以，打算去英国读大学的各位同学得坚持到最后，胜利完成大考之后才算完成了最后的努力。

二、英国大学的优势和特点

英国大学是中国学生非常热门的选择。英国大学的质量非常高，非常重视学术。与美国大学相比，英国大学具有以下让人难以拒绝的优点：

（1）英国大学招生选拔的透明度更高。这对于中国留学生家庭是极大的优势。相较之下，美国大学的一个弊病在于选拔的过程有些“玄学”，选拔所考察的因素不是透明的。英国大学的招生录取标准更加清晰，主要围绕对学生学术能力的考核，通过国际大考的预估分和专业相关的笔试成绩，基本上可以判断学生有没有能力获得面试的邀约。因为英国大学在选拔学生的过程中，主要考察孩子的学术实力和潜力，不考虑像个人特质、领导力和社区贡献等因素，因此对于普通家庭来讲，如果能够把握住孩子在学术方面的实力，那么获得英国顶尖大学录取的可能性要比美国大学高很多。

（2）在英国读大学的花费相比美国要低一些。英国大学每年花销大约是35 000英镑，不含生活费，也就是大约30万元人民币。生活费主要取决于是生活在伦敦地区，还是生活在伦敦以外的地区。在伦敦地区，租房等生活成本会更高一些，每个月的花费在1 000 ~ 1 800英镑不等。在伦敦以外的地区，每个月的花费是600 ~ 1 300英镑。

（3）英国大学的国际化程度更高。国际生所占的比例，大约为整体学生的24%。虽然英国大学在国际学生的总人数上落后于美国大学，但是国际学生占整体学生人数的比例是超越美国的。

有一位在帝国理工大学读书的学生，完成生物医学工程专业学习时被分配到一个项目小组里，发现这个小组一共有来自10个国家的学生。国际化程度高会促进学生和学生之间的交流，尤其是当在这样的一个国际化的团队当中，大家的交流会更加平等，通过交流碰撞出来的创意和灵感会更有启发。

三、中国学生赴英留学的新趋势和观察

2016年6月在英国举行脱欧公投后，英国正式启动了脱离欧盟的过程。公投结束后，英国大学担忧脱欧对英国大学吸引国际学生造成负面影响。其实，脱欧影响的主要是来自欧盟的国际学生。在脱欧之前，欧盟国家的学生享有和英国本土学生一样的学费和福利。

对中国学生而言，脱欧并没有影响英国大学的吸引力。

从 2015 年开始，中国学生就读英国大学的人数逐年增加。截至 2022—2023 学年，共有约 10 万名中国学生在英国大学就读本科。在中国学生选择的留学英国的专业中，人工智能、工程专业、心理学专业、计算机科学、物理、数学等是热门的专业。

第四节　加拿大大学：就业友好的舒适之选

一、加拿大大学概况

加拿大一共有 90 多所公立大学和一些私立大学。其中在世界大学排名前 100 的有三所大学。加拿大的大学排名麦考林排名[①]把大学分为三个类别，分别是带有医学院和提供博士学位的医博类大学、提供本科专业和硕士类项目的综合类大学和重视本科生教育、规模较小的基础类大学。

这里以多伦多大学为例，为大家介绍加拿大的大学。多伦多大学是医博类大学，也是加拿大最古老、世界排名最高、最受中国家长关注的大学。从入学难度上来看，多伦多大学的录取难度大约相当于美国排名第 40 位的综合类大学。

作为加拿大医博类大学的典范，多伦多大学的前身是国王学院。经历了近两百年的发展，多伦多大学成为世界顶级的高等教育学府，培养和塑造了大量的顶级科学家、医生、政界和商界的精英和各行各业的杰出人士。多伦多大学科研经费保持在全加拿大第一，给学生提供大量科研机会。除了科研，在多伦多大学读书的学生也有丰富的带薪实习的机会，帮助他们在学习的过程中了解如何应用自己的所学去解决实际问题。

① 麦考林大学排名是最受关注的加拿大大学排名。

多伦多大学一共有三个不同的校区，分别是位于多伦多市中心的圣乔治校区、提供带薪实习项目的士嘉堡校区和拥有宁静校园的密西沙加校区。这三个校区加起来学生人数是9万人。这三个校区的教学安排处于平行且资源共享的状态中。同一门课的教学标准是一致的，教授也可以在多个校区任教。获得的多伦多大学的学位的含金量也没有差别。

从风格差异上来讲，在圣乔治读书的多伦多大学的学生，享有多伦多市的生活便利，无论是周末看展还是打打牙祭，圣乔治校区位于多伦多市中心的地理位置提供了各种各样的可能性，缺点是这个校园太大，本科生的入门课程有上百人的规模，学生能得到的个体关注度不高，需要靠自己才能获得各种信息和资源。相较而言，密西加沙校区的生活条件没有那么便利，但是校园非常宁静，没有嘈杂的喧嚣和混入校园的形形色色的人。密西加沙也是加拿大安全和宜居度很高的城市，世界五百强企业中有50多家企业把办公室设立在了密西加沙市，为多伦多大学学生的实习和就业提供了便利的条件。士嘉堡校区是最新的校区，在商科还有工程方向给学生提供独特的带薪实习项目。最值得一提的是国内有高中提供多伦多大学的绿色直通车项目，参加这个项目的学生录取的就是多伦多大学士嘉堡校区。参加直通车项目的学生可以从国内的高中直接来到多伦多大学学习预科语言课程，通过后便可进入多伦多大学就读大一。

除上面介绍的医博类大学、综合类大学和基础类大学外，加拿大还独有一种特殊的大学叫作公立学院。加拿大的大学和学院的主要差别是，学院是就业为导向的，而大学是研究为导向的。想要尽快获得加拿大工作资格的学生可以考虑公立学院。在公立学院里学习两年之后就可以获得三年的工作许可证。获得工作许可证之后，就可在加拿大全职工作。在加拿大经济最发达的多伦多地区，就有圣力嘉学院（Seneca College）、汉博学院（Humber College）和乔治布朗学院（George Brown College）等优质的公立学院。

二、加拿大大学的优势和特点

加拿大作为一个留学国家深受中国学生的喜爱。大家对于加拿大大学的喜爱，主要有三个原因：

（1）加拿大社会人与人的关系较为平和。种族歧视不被允许和接受，对于中国学生非常友好。很多人选择加拿大留学，因为加拿大给了他们一种被接纳的感觉。

（2）加拿大是一个对留学友好、就业友好、移民友好的国家。在加拿大留学，学生可以在留学期间参加由学校组织的带薪实习项目，积累对求职有非常大价值的工作经验。这些经验将帮助留学生获得加拿大的工作，相当于获得了机会。一些留学生在完成学业之后，选择在加拿大生活。

（3）加拿大的大学在全球排名中也名列前茅。多伦多大学①、英属哥伦比亚大学②、麦吉尔大学③都是全球知名的大学，也是中国学生在申请加拿大的大学时考虑的第一梯队的学校。除此之外，加拿大的知名大学还包括以理工科专业见长的滑铁卢大学④、知名的综合性大学麦克马斯特⑤和女王大学⑥。这些大学被称为加拿大的“六大”。

三、中国学生赴加拿大留学的最新趋势和观察

赴加拿大留学的国际学生数量自 2005 年之后稳步增长。2022 年，共有 807 750 名国际学生在加拿大各个学段就读。2023 年，在加拿大就读的国际学生超过政府的预测，达到 1 040 985 名，达到和美国国际学生总数相近的水平。国际学生的快速增长让加拿大移民局在 2024 年 1 月宣布，将在为期 2 年的时

① 多伦多大学（University of Toronto）。
② 英属哥伦比亚大学（University of British Columbia），加拿大排名前三的医博类大学。
③ 麦吉尔大学（McGill University），加拿大排名前三的医博类大学。
④ 滑铁卢大学（University of Waterloo），加拿大最侧重体验式学习的综合性大学。
⑤ 麦克马斯特大学（MacMaster University），加拿大知名医博类大学。
⑥ 女王大学（Queen’s University），加拿大知名医博类大学。

间里限制新签发的本科国际学生签证数量。2024 年的限额为 36 万张学签封顶。中国是加拿大国际学生的第二大生源国。2023 年，共有约 10 万名中国学生在加拿大读书。

中国学生通常通过两种路径进入加拿大大学：

（1）高考路径。从这条路径申请加拿大大学，需要提供高中的平时成绩、会考成绩和高考成绩，以及文书、简历、视频面试等辅助材料。除此之外，最好能够提供托福或雅思的语言成绩。语言成绩过关的学生可以获得加拿大大学的直接录取，成绩未达标的学生可以先进入预科学习语言。预科的学习通过之后再进入大一学习。

（2）国际课程路径。例如，学生通过高中的 IB、AP 和 A-Level 等国际课程的成绩申请。这样的学生需要提供高中平时成绩、国际课程的大考成绩（AP 考试分数、IB 大考预测分、A-Level 预测分）、托福或雅思的语言成绩，以及文书、简历、视频面试、申请表等材料。从国际课程路径申请加拿大的大学也分直接录取和预科录取两种情况。

第五节　澳大利亚大学：环境优美、居住友好的选择

澳大利亚是四大热门留学国家之一。作为拥有优美的自然环境和风光，澳大利亚深受中国留学家庭的喜爱。

一、澳大利亚大学概况

澳大利亚一共有 42 所大学，其中大部分都是公立大学。澳大利亚顶尖的公立大学包括八所大学：墨尔本大学、澳大利亚国立大学、悉尼大学、昆士兰大学、西澳大利亚大学、阿德莱德大学、莫那什大学、新南威尔士大学。

在最新公布的 2025 年 QS 世界大学排名当中，澳大利亚的大学表现突出，有九所大学跻身世界前 100，其中墨尔本大学位列全球第 13 位、悉尼大学位列全球第 18 位、新南威尔士大学位列全球第 19 位、澳大利亚国立大学位列全球第 30 位、蒙纳士大学位列全球第 37 位、昆士兰大学位列全球第 40 位。

澳大利亚的大学延续了英国的教育传统，大部分本科项目是 3 ～ 4 年内完成。

二、澳大利亚大学的优势和特点

（1）入学门槛不高。相比英国、美国、新加坡等国世界大学排名前 100 的大学，澳大利亚八大的入学门槛是普通学生都可以够得着的大学。

以国际课程 IB 课程举例，除少数数学、法律等专业外，申请悉尼大学、墨尔本大学等澳大利亚顶级名校只需 IB 总分（满分 45 分）达到 30 分出头就可以申请。相比较，能成功申请到英国、美国等世界前 100 的学生，一般 IB 成绩都要达到 36 分、37 分，甚至达到 40 分。

（2）灵活。灵活体现在入学时间灵活，每年有两个入学的时间分别是在 2 月和 7 月。其次在入学要求上，澳大利亚大学也给英语不过关或者学术成绩不达标的学生提供了预科课程和国际大一文凭课程的选择，方便这些学生通过先完成预科课程再进入本科学习，或者先在国际大一文凭课程里修完部分学分再转入本科大二学习。澳大利亚大学在毕业时间上也灵活，如果学生打算提前毕业，可以暑期在学校完成一部分的学分。如果学生在学习的过程当中遇到困难，也可以延长毕业的时间。

（3）对国际学生非常友好。澳大利亚给国际学生提供毕业后的就业签证。留学生可以在毕业后用就业签证在澳大利亚找工作，工作几年后便可以申请居留。移民是通过一套积分系统，雅思成绩达标、在澳大利亚有留学经历，再加上有过几年的工作经历，就可以很快得到有关的批准。留学生一定要选好留学的专业，确保所选的专业能够帮助自己在毕业后找到工作。

三、中国学生赴澳大利亚留学的最新趋势和观察

澳大利亚每年有大约 50 万名来自世界各地的留学生，其中有大约 1.6 万人来自中国。随着澳大利亚大学在世界大学排名的上升，预计会有更多中国家庭对澳大利亚大学投送橄榄枝。另外，澳大利亚大学也是高考后留学的一个热门选择。对于在高考之后打算留学的学生，可以直接通过高考成绩申请澳大利亚顶级大学的本科或者在中国读完一年大学之后转到澳大利亚大学的本科项目。如果高考成绩没有达标，学生还可以选择申请澳大利亚大学的预科项目，或者在通过国际大一文凭课程后进入澳大利亚大学的本科学习。

第六节　高性价比的留学国家：新加坡和以德国为代表的欧洲大陆国家

一、新加坡

1. 新加坡大学概况

新加坡共有六所公立大学，其中最知名的是新加坡国立大学和南洋理工大学。新加坡国立大学曾多年是亚洲排名第一的大学。除了公立大学，新加坡也有私立大学。但私立大学入学的门槛较低，建议学生在赴新加坡私立大学留学之前查验教育部海外大学的认证名单。

2. 新加坡大学的特点和优势

新加坡作为一个治安稳定的花园国家，深受中国家庭的喜爱。新加坡文化同源，对于留学生而言，不需要特别融入，生活上更为便利。

除此之外，新加坡的大学结合了英式教育的严格和美式教育的灵活。例如，在新加坡国立大学读书，除了专业课程，还有机会接触专业以外的其他领域的课程。在探索不熟悉的学科领域时，学生可以选择成绩不计入最终成绩单的选修课，极大释放了学生们的压力，让学生可以没有后顾之忧地接触和尝试新的学科领域。

如果学生有机会考取新加坡的国立大学和南洋理工大学，那么在学费上新加坡大学也很有优势。就读新加坡大学一年的花费，在 16 万元到 23 万元人民币之间，大约是去英国和美国读大学花费的二分之一或三分之一。

3. 中国学生就读新加坡大学的趋势

过去几年，新加坡大学的热度激增，有大量的中国学生，希望能够去新加坡就读大学，甚至是中学。想去新加坡读大学的中国学生太多了，使得现在新加坡国立大学和南洋理工大学已经堪比美国前30的录取难度。

无论学生是走高考路线还是走国际课程，都可以申请新加坡的大学。走高考路线的学生可能需要推迟一年入学，因为新加坡大学的申请截止日期一般在2月或3月，在高考之前。因此，要等高考成绩出来以后，在次年2月或3月递交新加坡大学的申请。

走国际课程的学生尤其是A–Level课程，如果是打算报考南洋理工大学，也有可能需要面临推迟一年入学，因为南洋理工大学在录取过程中已经不再考虑大考的预测成绩，需要学生在递交大学申请时提交最终的国际大考成绩。而国际大考成绩出来的时候，一般都到了暑假、学生只有在成绩出来之后的秋季提交下一年入学的申请。

二、以德国为代表的欧洲大陆国家

欧洲大陆的大学以其历史悠久、文化深厚、环境优美的特点，吸引了全世界留学生的关注。在2024年QS世界大学排名当中就有德国的5所大学、法国的4所大学、瑞士2所大学、瑞典的2所大学、荷兰的2所大学和比利时的1所大学，被排进了世界前100的大学。这些大学分别是：

德国：慕尼黑工业大学、路德维希–马克西米利安–慕尼黑大学、鲁普莱希特–卡尔斯–海德堡大学、柏林自由大学、亚琛工业大学。

法国：巴黎科学艺术人文大学、巴黎理工学院、索邦大学、巴黎萨克雷大学。

瑞士：苏黎世联邦理工大学、洛桑联邦理工学院。

瑞典：皇家理工学院、隆德大学。

荷兰：代尔夫特理工大学、阿姆斯特丹大学。

比利时：鲁汶大学。

这里以德国为代表介绍赴欧洲留学的概况。

德国一共有400余所大学，其中公立大学占六成，私立大学占三成，还有教会资助的高校占一成。德国的大学也分为看重科研的综合性大学、注重实践的应用科学大学和独具特色的艺术学院与音乐学院。

赴德国留学有三个方面的优势：

（1）德国的公立大学是免学费的。留学生只需支付一个学期几百欧元的注册费以及一个月1 000欧元左右的生活费。

（2）德国的大学为留学生提供了求学期间打工和毕业后就业的签证。通过毕业后就业的签证，留学生可以留在德国积极找工作。

（3）德国大学的学术质量非常有保障。留学生在德国的大学里可以获得严谨的学术训练和培养。机械工程、电气工程、电子工程等工程技术学科，自然科学、社会科学、艺术都是德国大学的优势专业。

申请德国的大学需要学生具备德语的能力。走高考路线的学生可以在高考之后申请德国大学，获得直接录取或者是预科录取。也可以在国内大学读完一到三个学期之后再转入德国大学。走国际课程的学生可以在高三的时候直接申请德国大学的本科，也可以高中毕业后去德国读大学预科。

第五章

发现职业潜力，拆解专业选择的策略

专业选择是一个历久弥新的话题，每一代人在成年时都要面临择业。与前面几代人的情况不同，“00 后”面临择业局面有两点特殊之处：

（1）“00 后”比以往任何一代人，更有条件根据自己的兴趣来选择专业和职业的方向。他们追求更高的职业满意度，“数字游民”的流行让很多年轻人不必受限于在一个城市寻找就业机会，而是可以在全球范围内“接单”。

（2）人工智能正在各行各业中创造新的就业机会，同时也在变革和取代过去一些低效、重复的工作。所以，今天的学生和家长都热衷于探讨什么样的职业和大学专业不会被自动化的机器取代。

本章将从四个不同的角度与大家探讨大学专业和职业探索这个话题。

第一节　专业适配之道：我喜欢、我适合、社会需要

如何判断一个专业和孩子是否匹配呢？通常情况下可以通过“我喜欢”“我适合”“社会需要”三个角度进行判断。

一、我喜欢

一件事情只有成为孩子喜欢做的，他们在做的这个过程中才能不断发现乐趣，并愿意不断接受更高的挑战。因此，在选择专业的时候考虑孩子的喜好和兴趣是很有必要的。

例如，一个学生从小搭乐高，后来慢慢进阶开始组装“插件式”机器人。在插件已经不能满足他以后，开始捣鼓自己研发零件来组装机器人。在高中时期，他创建了学校里唯一的机械俱乐部，成功地组织队员一起在炎炎夏日里，忍受着地下室的高温，设计和搭建了一台可以在校园里跑的卡丁车。最后，在申请大学的时候，多年玩机器人的经历让他顺理成章地选择“机械工程”专业，拿到了理想大学的录取。这个学生很轻松地把自己从小喜欢做的一件事情变成了后面大学的专业。

还有一个男孩学习成绩差强人意，但是特别喜欢琢磨各种各样的计算机绘图软件。他从学校图书馆里借的书都是教人使用设计软件的书。这个男孩后来自学了二十几种不同的绘图和设计软件。后来，他选择了“交互设

计[1]”专业。他在高中时期就帮各个社团和学校里的各位老师修图和设计商标。他还用绘图软件完成了学校宿舍公共区域墙面上的一幅绘画作品，结合艺术与科技为学校创作了令人印象深刻的画作。

有个学生喜欢和人打交道，希望能在每天的生活里见到不同的陌生人，每天和新的人接触可以带给自己活力和灵感。这样的学生就擅长从事商业、销售、保险经纪、企业培训、高管教练等方面的工作。

还有个学生从小喜欢捉虫子和水生动物，他经常从淘宝购买各种各样的小鱼、寄居蟹，在家里给这些小鱼、小蟹安家。每到假期的时候，他都会约上相同爱好的朋友一起去海边。有的时候为了等候一种特殊的螃蟹出现，他们会半夜起床到海边去捕捉。这个学生就比较适合学习生物学、生态学、环境科学、海洋生物等相关的学科。

所以，在选择专业上，家长可以入手的第一个指引就是从孩子的兴趣爱好开始去观察孩子。“感觉还挺有趣的”是一个能成为大学专业的前提。家长需要捕捉孩子展现出来的一点点的兴趣火苗，然后因势利导。有条件的话，为孩子联系相应的导师和社会实践机会来发展这项兴趣，让其能够在一个更大的这个舞台上去展现自己的兴趣爱好并不断跟自己确认这是不是今后想要发展成为大学专业和职业方向的一个兴趣爱好。

还有一个发现“我喜欢”的重要方式，是看哪些大学专业和职业匹配孩子的深层价值观。举个例子，有些年轻人看到成功的“网红”就想效仿，也开始拍短视频刷流量。但有的人做了一段时间就做不下去了，主要原因是成为“网红”和自己的深层价值观不匹配。

一份工作能做得长久，一方面自己得喜欢工作内容，另一方面这份工作和自己认同的价值观得一致。如果在价值观层面出现了不和，就很容

① 交互设计：通过数字界面形塑出人类对于工作、娱乐与休闲的新面向。

易陷入“工具人”的陷阱，好像看不到这份工作和自己向往的生活有哪些关联。

孩子的价值观来源于生活经历和身边的人。家长可以在和孩子聊天的时候，问他们以下三个问题，看看能否让孩子的深层价值观浮现出来。这些问题来自我的团队平时和学生面谈时的常用问题，适合提问给中学生。在孩子回答的时候，请认真聆听，尽量不要打断孩子。可以在孩子停顿下来后，进一步追问，探寻深层次的理由。

问题一：你能描绘一下，10 年后，你心中理想生活的样子吗？

问题二：你尊敬的人、欣赏的朋友或者喜欢的角色都是谁？尊敬和欣赏他们哪些地方？

问题三：你认为当下的社会、如今的世界有哪些不足？

这三个问题之所以会成为和学生面谈时的常见问题，因为它们也是美国大学申请文书和顶级寄宿高中面试时的高频问题。

若足够细心，会发现这三个问题探寻的都是一个孩子深层的“why”的问题，也就是孩子们真正的价值观。价值观是一个人人生前进的方向，在关键的决策中，直接影响选择。有了价值观（why）的指引，才更清晰地知道自己要做什么（what) 以及如何去做（how）。

二、我适合

孩子选择专业，除了“我喜欢”，能不能学好一个专业、今后能否胜任一个职业，也是家庭所关心的话题。如果想把一个兴趣爱好作为自己的职业，除了喜欢，自己的能力能否胜任也是一个重要的考量因素。

提供两个思路，来思考一个职业是不是适合孩子。

第一个思路，看孩子的性格是不是匹配某个职业的工作风格

约翰霍普金斯大学的心理学家约翰·霍兰德在 1960 年提出了非常具有影

响力的职业兴趣理论。他认为，人的性格与适合他的职业选择密切相关。从这个角度，霍兰德把人的不同职业兴趣分成六种类型，分别是现实型、研究型、艺术型、社会型、企业型和常规型。

现实型（realistic）：喜欢以具体的任务为导向，喜欢做一些实操能力很强、通常需要身体参与的职业，如运动员、工程师、电工、厨师等职业。这些职业日常工作过程中处理的是很实际的任务，需要很强的动手能力去使用不同的工具。具有这个性格的学生喜欢能够用手去感知、用眼睛能看到的任务。

研究型（investigative）：喜欢处理抽象的问题，如解数学题、做科研、用编程解决问题。这一类人独立客观，擅长从具体的问题中提炼出抽象的理论框架，喜欢分析问题，热爱求知。这样的学生适合从事科研的工作、做调研或者从事计算机编程相关的工作。

艺术型（artistic）：喜欢有创意的工作，艺术型的人可以去从事包括戏剧、舞蹈、音乐、创意写作、手工、雕塑、纺织设计等一切需要发挥创造力的工作。艺术型的人希望避免一些高度重复的工作，他们可以选择做艺术品收藏和策展设计师、建筑师、音乐人、导演等工作。

社会型（social）：喜欢做各种各样的事情来帮助别人。这一类学生比较适合从事咨询师、社工、教师、辅导员、咨询顾问等为人们提供信息和服务的工作。他们通常同理心很强，最大的成就感是帮助别人解决问题，这对于教书、咨询、护理等每日需要和人高度互动的工作非常合适。

企业型（enterprising）：喜欢说服和领导别人，擅长让别人去接纳他们的观点。这类学生通常精力充沛、有说服力、目标很远大，适合在商科和政界发展，成为富有启发性的领导、销售或者培训师。

常规型（conventional）：追求稳定和安全，喜欢服从规则而不是创造规则。在性格方面比较偏保守，喜欢高度程序化和结构化的这种工作，善于执行确定好的计划，适合的工作包括行政、会计、公务员等。

每个学生都可以在这六大类型中找到自己认同的一个或几个类型，从而帮助判断适合自己性格特征的职业和工作。感兴趣的学生和家长可以亲自做一下测评，看看有没有新发现。在网络上搜索“霍兰德职业测试”，就能找到测试入口。

第二个思路，看孩子的天资能够胜任哪些工作

在选择专业的过程中，除了考虑性格和哪些职业匹配，还得考虑孩子的天资（也就是能力）能够胜任哪些工作。

通常来说，天资是天生的，因为这个天资并不能通过单纯的努力来获得。虽然每个人都可以通过努力来提高自己在某个领域的天资，但是在某个领域里天资高的人，获得技能的速度更快，所以他们很快就会展现出优势。天资低的人需要花很多的时间，克服重重困难才能表现出高水平的业绩。

天资通常会在一个学生进入高中时期后固定下来。由于天资在孩子进入高中以后是比较稳定的，所以在选择大学专业和职业时就可以有针对性地扬长避短。当大家选择一个利用了自己的天资的职业之后，会因为发挥了自己的天资而感到做起来很轻松，更容易获得认可。

天资并没有优劣之分，在一个领域天资高并不代表一个人更聪明，而是指他在这个领域更容易获得满足感。举个例子，创意本身也是一个天资。创意高的人能够在短时间内就产生非常多的想法。假设一件工作需要集中注意力的话，那么创意高反而会成为障碍。这时候，中等创意或者创意低的人更适合，因为他们更能够集中一段时间和注意力在一个想法上面。

那么，家长如何帮孩子发现他的天资呢？日本知名职业导师八木仁平给人们准备了一份发现自己擅长的事的问题清单。表 5.1 精选了十个适合高中生的问题，家长可以和孩子一起写下自己的回答。

表 5.1　十个适合高中生的问题

问题	回答
1. 什么是你从小就擅长或者曾经擅长的（请回忆从小到大的时光，把具体的经历写下来，从中可以发现你擅长的事是什么）？	
2. 什么是你不怎么在意却能很好地完成的？请具体描述。	
3. 请回顾迄今为止的人生中，你为某事着迷的时期。	
4. 迄今为止，你被人说“谢谢”（被人感谢）的经历是什么？请具体描述。	
5. 迄今为止，你经历过最大的挫折，最后悔的是什么（感到受挫、后悔，是因为你花费了精力却没有成果）？	
6. 你喜欢自己的哪些地方（你喜欢自己的那些地方，很多时候跟自己擅长的事有关）？	
7. 你感到棘手的事是什么（反过来看，你擅长的事是什么）？	
8. 迄今为止，你认为周围的人“怎么这都做不到”的事情是什么（之所以这样想，是因为那件事是你理所当然做到的擅长的事）？	
9. 请写下迄今为止周围的人称赞过你的话。	
10. 休息日的时候，你会做些什么（自然而然去做的事就是你擅长的事）？	

三、社会需要

前面分享了“我喜欢”与“我适合”，还有一个判断专业是否和“我”匹配的维度是看这个专业是不是未来社会所需要的。先来看一下影响社会需求的核心要素，再来看看有哪些大学专业是国外大学开设的，更为适合国外社会的需求，但对后面回国就业就需要慎重考虑。

社会始终是在一个动态变化的过程中。在选专业时，需要考虑不同的行业在不断变化中会经历什么发展周期，如房地产等行业。在考虑经济和政策环境对专业选择的影响时，可以参考国家的五年规划。2021 年公布的《“十四五”规划和 2035 年远景目标纲要》中，明确了新一代信息技术、生物技术、新能源、新材料、高端装备、新能源汽车、绿色低碳产业、绿色环保以及航空航天、海洋装备等战略性新兴产业，成为国家重点发展的核心新兴产业。这意味着在基础科学、工程领域、设计和创意领域、科技领域蕴含大量的发展机会。

影响专业选择和职业发展的另外一个重要因素是社会人口的变化：新出生人口数量下降和老龄化趋势。这些人口变化趋势使得儿童托育体系的建设、儿童安全空间的创建、养老服务的提升等领域今后会有大量的发展机会。

最后一个对职业领域造成巨大影响的是科技的进步，特别是人工智能对就业市场的冲击。2022 年 11 月 30 日，ChatGPT 首次发布。2023 年 3 月 14 日，基于 GPT–4 模型的 ChatGPT 推出，随即引起了广泛关注。很多家长纷纷考虑，究竟什么样的职业能够让孩子赢在未来?

《AI·未来》① 这本书分别对脑力劳动和体力劳动被人工智能取代的风险做了划分。在脑力劳动的就业风险评估图中会看到具有强社交属性和创意决策性的工作，最不容易被 AI 所取代，如心理咨询师、市场公关总监、CEO、社工等职业；具有弱社交属性和偏优化型、非原创型的工作，最容易被科技所取代，如简单翻译、税务助理、法务助理、电话销售、个人信用评估等岗位。

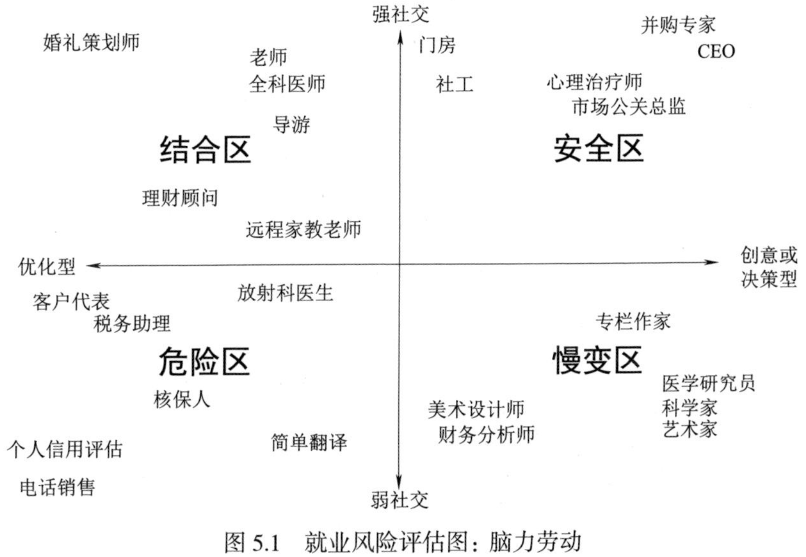

图 5.1 就业风险评估图：脑力劳动

① 《AI·未来》：李开复著，浙江人民出版社。

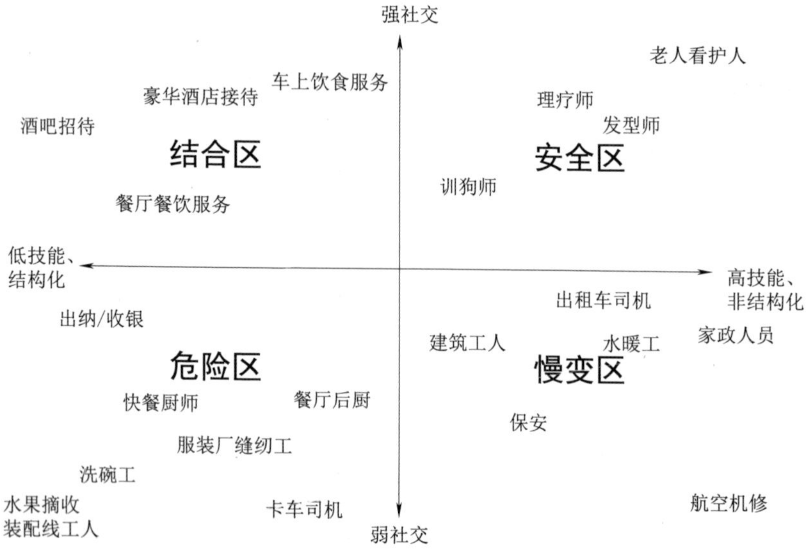

图 5.2　就业风险评估图：体力劳动

本书读者的孩子们选择专业的时候，离现在至少还有 5 年到 10 年的时间，站在今天的时间点，很难预测 10 年后会有哪些具体的职位会被淘汰。但大家能看到大的发展趋势，如对绿色经济和可持续发展的重视、生物科技的进步、人工智能领域的不断更新，这些变化会是一个跨越 10 年甚至 20 年周期的大势所趋。

对于打算回国就业、创业的学生而言，哪些留学专业在选择的时候需要注意？下面列出的专业是在国外大学开设的，但是由于国内和国外的差别，选择这些留学专业并打算回国发展的学生需要多做一些功课，以确保回国后顺利就业。

1. 艺术

单纯的艺术类专业门槛并不高，并且对艺术作品评价的主观性很强。除了成为艺术家、艺术批判家、专业的策展人、从事艺术品拍卖或者开办画廊，艺术类专业留学生在本专业就业的空间较为有限。成为艺术家或从事艺术品拍卖需要依靠资源，许多学生还需要依靠家庭的社会资源在这个领域发展。

同时，随着像Midjourney、Adobe Firefly等绘图工具的推出，人工智能已经可以实现基本的绘图和设计工作，像插画、平面设计、服装设计等专业正受到不小的冲击。对艺术有热情且打算在大学里学习艺术专业的学生，可以考虑在纯艺术专业之外再修一个专业来提高就业的灵活度。

2. 心理学

不少学生对于学习心理学抱有很浪漫的看法，认为学习心理学就可以解读人心。其实，心理学在历经了精神分析、行为主义、人本主义和认知心理学等几个不同特点的发展阶段之后，当代大学开设的心理学专业普遍是采用实证研究的方法，是对人的行为进行分析的学科，与解读人心、占星、色彩心理学等流行文化中的概念没有直接联系。本科的心理学专业应用范围非常广泛，没有对口的职业方向。若想从事专业的心理咨询或成为精神科医生，需要继续攻读硕士和博士的学位。并且，在国外学习心理咨询侧重点偏向物质成瘾，这与在国内从事心理咨询工作的现实有一定差距。

3. 新闻学

国外的新闻领域与国内新闻出版行业所面临的现实差别很大。并且，新媒体以及人工智能的新闻写作对传统新闻行业形成很大冲击。新闻学本身并不是门槛很高的专业。单纯学新闻学，不如学一个专业加上新闻学双专业对就业更有保障。例如，本科商科加新闻学，日后可以从事专职的财经类新闻的报道。

4. 国际关系

学国际关系不等于毕业后进入外事部门工作。其实国际关系专业的就业情况较为严峻。真正热爱这个领域的学生在毕业之后可以选择读研和读博。其他学生在本科学习结束之后，基本从事涉外工作或放弃本专业就业。

5. 社会学

社会学是一门很有意思的学科，对普通人理解社会现象帮助很大。但是这个专业缺乏就业保障。真正对社会学感兴趣且无就业压力的学生可以继续读研读博。对就业有需求的学生建议避开选择社会学作为唯一的本科专业。

6. 历史学

一些学生抱着喜欢读历史故事的心态选择了历史学作为留学的专业，却发现理想和现实差距巨大。打算选择历史学且需要本科毕业进行就业的学生，要重视英文阅读和写作能力的打造以及批判性思维的培养。在毕业时，可以通过这些能力进入提供管培生项目和应届生的培训体系完善的企业，如咨询公司、投行等，来增加自己的职场适应力。

7. 哲学与宗教学

在当代社会学习哲学和宗教学，适合对于就业没有强烈需求的学生。这两个专业的毕业生可以考虑从事学术研究或者进入大学或中学做老师。

对以上专业的分析，仅仅涉及回国就业这一个维度，不涉及对专业的价值评判。其实,在任何一个领域成为最顶尖的人才都会赢得行业中少有的机会。例如，在语言学领域，普通人可能只能从事相关的教学工作。然而，顶级的语言学家会受聘于 OpenAI 这样的公司，领导人工智能领域中自然语言模型的训练，年收入很可能达到百万级别。

像社会学、历史学、哲学和宗教学等文科专业的毕业生除了考虑继续深造成为高校老师，许多对这些学科领域很有热忱的学生还转型成为短视频博主，在 B 站等平台上拥有数十万甚至上百万的粉丝。短视频博主目前也成为海外留学生回国后的一种灵活就业的形式。在选择专业时，学生和家长既要看到外部的趋势，最终还是要回归自身的兴趣、优势和天赋。相信“天生我材必有用”，找到一个“我喜欢”且“我适合”的专业，在乐趣、成就感和价值感的驱动下，为社会作出贡献。

第二节　门槛高、热门、未来价值高的专业有哪些

一、门槛高的专业

有没有哪些专业是穿越经济周期的刚需专业？有几个专业满足这个条件，在现代社会的任何一个国家，这些职业都代表了人类社会不变的需求，分别是法律、建筑、会计、医生、工程师和教师。

刚需专业都有一定的门槛，对应社会上高度专业化的职业。这些专业具有明确的就业方向，只要能跟着学下来，并获得相应的执业资格，毕业之后不用发愁找工作，并且很有可能在毕业前就被企业预定。

学这些专业的学生在求学阶段，和其他专业的学生比起来是较为辛苦的。以哥伦比亚大学的机械工程本科专业为例，毕业需要完成 128 个学分。从大一开始就要学习大量的数学、物理、化学、计算机等专业基础课程，同时完成大学写作以及人文类课程。进入大三以后，每个学期需要学习五门机械工程专业课程（含实验课）及专业选修课。在毕业前，再完成 27 个学分的人文类通识课程。

在其他专业的学生周末举行派对、春假飞往度假胜地休闲的时候，许多工程学院的学生需要留在学校，在图书馆、宿舍和实验室完成作业或实验报告，或者在企业实习并完成相关的项目。这一切的付出都会有回报。许多工程专业的学生在大三就获得了用人单位的录取通知书。这对于毕业后想在国外就

业的学生而言，具有极大的吸引力。

在美国，从事建筑、会计、工程师和教师的工作并获得执业资格，通常只需要本科完成相关的培训、实习和认证。成为律师需要法律博士学位，成为医生需要医学博士学位。成为律师和医生，需要学生在本科教育结束后，继续深造拿到博士学位，才能获得执业资格。

表 5.2 是在几个热门留学国家从事律师、建筑、会计、医生、工程师和教师所需的最低学历，供学生和家长参考。在获得这些学历后，学生往往还需要完成相关的实习和考试，获得专业机构的认证，最终取得在不同地区的执业资格。

表 5.2　就业门槛高的职业所需的最低学历

职业	热门留学国家			
	美国	英国	澳大利亚	加拿大
律师	法律博士	法律本科	法律本科	法律本科
建筑	建筑本科	建筑本科	建筑本科	建筑本科
会计	会计本科	会计本科	会计本科	会计本科
医生	医学博士	医学本科	医学本科	医学博士
工程师	工程本科	工程本科	工程本科	工程本科
教师	本科	本科	本科	本科

二、热门的专业

世界名校中的热门专业反映了大家对于这个时代和未来趋势的判断。在这一部分，我会先从美国大学里的热门专业给大家做一个展示，再从中国留学生在英国、美国两个国家大学中选的热门专业为大家做一个分析。

首先来看美国大学中的热门专业。美国大学最热门的五个专业，分别是计算机科学、生物学、心理学、经济学和商科专业。

计算机科学在过去十年成为美国大学最炙手可热的专业。目前，已经有大学对于大一入学后转入计算机（computer science）或计算机工程系（computer engineering）设立了明确的限制，是因为专业的一位难求。想读计算机系的学生已经远远超过了专业开放的名额。这种趋势不只出现在硅谷附近的斯坦福大学和加州大学伯克利分校，美国各个地区的公立大学和私立大学的计算机系都面临非常火爆的局面。挤破头也要进计算机系的动机来自这个专业广阔的就业前景。毕业后进入互联网行业的“大厂”曾是很多学生的梦想。发展到今天，计算机科学已经细分为更小的专业方向，包括大数据、云计算、人工智能、物联网等多个分支。在计算机系排名第一的卡内基梅隆大学，更被分化为 11 个细分专业[①]。

生物专业是一个学习范围非常广阔的学科。大到生态环境，小到微生物，从古生物化石到植入人体的人造心脏，所有这些都属于生物学的研究范畴。相比物理学、化学、天文学、地质学等自然科学，生物学的研究范畴非常贴近孩子们的真实生活，特别是他们对病毒、疫苗、传染病、公共卫生等话题有切身感受。在美国大学，生物学历来是学生选择非常多的大学学习方向。在大学本科的生物学课程体系当中，细胞和分子生物学、遗传学、生物统计、生物技术等都是重要的学习内容。

心理学在过去很多年都是美国大学的学生选得最多的专业。许多人误以为心理学是“读心术”，其实不然。学了心理学也并不能看懂看穿别人的心思。心理学实际是通过实证的研究方法对人的行为进行研究的学科。心理学的研究范畴非常广博，从研究人如何学习和记忆的认知心理学，到研究人的一生会经历哪些变化的发展心理学，再到研究人在群体当中如何表现的社会心理学，学生总能在心理学的范畴领域中，找到自己感兴趣的内容。值得一提的是，近年来选择心理学专业的学生数量有所减少，原因是一部分学生选择了

① 这 11 个细分专业是算法与复杂性、计算生物学、电脑图像、计算机系统、人机交互、语言技术、机器学习、程序语言远离、机器人、网络安全与隐私和软件工程。

神经科学和脑科学专业。神经科学和脑科学被视为心理学的未来，能够揭示大脑的秘密就能更好地研究人是如何思考、如何产生情绪并如何采取行动的。

经济学历来也是非常流行的大学专业。但是，学习经济学并不能直接帮助一个学生赚钱，无法教会一个学生看财务报表，更无法指导学生选择一只会涨的股票。经济学研究的是一个理性的人如何在有限的资源下作决定。经济学学习会使用数学作为工具来建立模型，同时从社会生活当中来提取变量。因此，对于学好经济学而言，数学能力以及对于社会生活的关注都是必不可少的。尽管几乎所有的大学都会开设经济学的专业或者相关课程，但是不同大学的经济学专业侧重点会有所差异。例如，经济学王牌大学芝加哥大学侧重用经济学指导宏观政策的制定，而宾夕法尼亚大学的沃顿商学院则侧重微观经济学视角下企业是如何做决策的。

商科是非常实用的学科。无论是会计学、金融学、商业分析、工商管理，还是创业学，都是实践性很强的专业。想要学好商科，离不开在真实的商业社会当中积累经验。许多美国和英国的大学都在本科阶段开设商科的课程和专业，并为学生提供海外实习和本地实习等多种社会实践的机会。一些美国大学，如芝加哥大学和克莱蒙特麦肯纳学院①甚至会为学生提供无薪实习津贴，用来报销学生实习时的日常生活开销。由于商科学习非常接地气，就业方向也较为清晰，因此想读商科的学生数量很多。

三、未来价值高的大学专业

最具未来价值的大学专业是根据当代及未来社会的产业发展结构所决定的。在充满快速变化的年代，真正实现对未来几十年的行业发展的精准预测是比较困难的。

① 克莱蒙特麦肯纳学院（Claremont Mckenna College），是一所文理学院，在 2023—2024 US News 全美最佳文理学院中排名第 11。

1. 未来趋势

结合国家的发展规划、联合国的可持续发展目标以及未来学家和业界领袖的判断，当下能把握到的未来趋势包括：

（1）人工智能等信息技术领域将高速发展。人工智能已经通过降本增效在各行各业创造经济价值。据麦肯锡咨询公司对人工智能的调研，预计到2030年，人工智能将在我国的一些关键行业创造巨大的增长机会。相比一些国家，人工智能在我国的使用率还有提升的空间，这意味着企业会需要大量能推动人工智能战略落地的人才。

（2）生命科学和医疗保健行业发展将继续强劲。生命科学和医疗保健行业既是“十四五”期间规划的重点发展行业，也是“健康中国2030”规划纲要支持的行业。未来这个行业将继续强劲发展。所面临的挑战更是加速了新技术和新的医疗服务模式的应用。与此同时，人们对提升生命质量和健康水平的需求也将持续推动这个行业的发展。

（3）制造业向高端和智能转化。中国制造业在成本控制上的优势仍在。制造业是工业化国家的根基，发展制造业的需求还将继续，制造业亟待向智能化、创新型转型。面对技术上的“卡脖子”，国家对传统制造业转型升级的决心不容小觑。

（4）绿色低碳经济的发展。2021年，我国明确提出力争2030年前实现碳达峰、2060年前实现碳中和的目标。推进“双碳”目标的实现将深刻地改变我国的产业结构，推动经济发展模式向绿色低碳转型。随着绿色经济转型，各个企业在环境保护、社会价值、公司治理等方面也将提升对自己的要求。

2. 符合未来发展趋势的专业

结合我国在未来几十年的发展趋势，对于打算留学的学生，推荐优先考虑和未来趋势相匹配的大学专业。这些符合未来发展趋势的专业包括：

（1）计算机科学相关专业，包括计算机科学、数据科学、人工智能、网络安全、计算机工程等专业。

（2）生物医学相关，包括生物学、分子生物学、基础和临床医学、生物医药工程、护理等专业。

（3）工程相关专业，包括机械工程、电子工程、材料学、计算机工程等专业。

（4）数学等基础科学专业，包括数学、物理、化学、生物专业。

除了上述理工科专业，在社会科学领域，统计学专业和经济学专业也可以考虑。特别是这两个专业偏向数据统计、大数据分析、量化分析的部分，值得投入时间和精力认真学习和掌握。

第三节 迷茫时怎么办？智慧抉择的专业选择方法

对于大多数学生而言，中学时期更多的精力是放在学业上，在学校能够参与社会实践、实习等机会是比较有限的。那么假设一个高中生尚未理出头绪，不知道大学要学习什么专业，家长可以从哪些方面支持孩子呢？可以在申请大学之前不确定专业吗？

家长不需要过度紧张，很少有人是在高中时就非常明确自己一生的志向的。不少人是在大学期间甚至工作之后才渐渐清晰自己的方向。孩子在当下不清楚自己未来要做什么，并不代表他会被置于未来竞争的劣势地位。没必要必须让他现在就有一个专业才行。

除此以外，现在很多高中生都对跨学科的专业有兴趣，吸引他们的往往不局限在某一个特定的专业。对这些孩子而言，他们或许并不需要锁定在一个专业上，而是可以申请一些跨学科的大学专业。例如，许多学生对艺术和科技的结合有兴趣，可以考虑像“交互设计”“数字媒体”等专业；还有的学生喜欢生物和政策的结合，那么“公共卫生”就是一个不错的选择。

有五个具体的策略可以帮助孩子厘清思路，逐渐清晰适合自己的大学学习方向。

一、梳理自己的优势

选专业一定要扬长避短。厘清自己的优势，是开始思考大学专业和职业方向的第一步。对于选择大学专业而言，可以把优势分为三种：学术优势、性格优势和特长优势。

1. 学术的优势

学术的优势，顾名思义就是指在孩子目前接触过的各个学科中，比较擅长的学科是哪个？学起来更加不费力的学科是哪一科？在初中阶段，孩子已经接触了英文、中文、数学、物理、化学、生物、历史、地理、政治、音乐、美术等学科，家长可以从成绩单、老师评语及孩子的学习感受来帮助孩子梳理在哪个学科更具优势。孩子擅长的学科中，往往蕴含选择大学专业的线索。例如，有学生把数学和物理学得非常好，那么可以选择的专业有很多，包括工程学、数学、物理、化学、生物、环境科学、材料等多个理工科方向的专业。

2. 性格优势

孩子在性格上有哪些特点，是同理心比较强，能够敏锐地体察文学作品以及现实生活当中人物的需求？还是非常坚韧，即使生病、身体不舒服，也要完成长距离的跑步？还是组织和协调能力非常强，能够调动人员和物资来发起社区服务项目？是在独处的时候最有灵感，还是在与老师和同龄人的学习交流中收获最大？是凭直觉判断，还是在获得全部信息之前不擅于做判断？

有一种职业指导的思路是根据不同的人格特征来匹配职业，如前面介绍的霍兰德职业测试。除了霍兰德职业测试，还有 MBTI 职业测评、盖洛普优势测评可以参考使用。

3. 特长优势

很多人会把特长和自己的职业选择联系在一起。例如，有个学生是多年的帆船运动员，在航海的过程当中发展了对大海的亲近感，并对海上的垃圾有切身的体会。这个学生后来选择了麻省理工学院的环境工程专业，目的就是希望能够通过工程的解决方案来收集海上垃圾，洁净海洋环境。还有个学生练习了多年的绘画、素描、版画和雕塑，这些艺术实践成为他后来选择从事艺术品收藏和拍卖的重要资本。因为有过多年的艺术实践经历，他对于艺术品的价值有更深的领悟。还有个学生从小玩乐高，参加过大大小小的机器人比赛，学会使用编程语言来操控机器人。玩乐高和打机器人比赛的经历让他很顺利地进入大学电子工程专业学习。

二、用数学和英文表现，在六大专业领域中做初选

大学专业按照类别可以粗浅地划分为自然科学、社会科学、人文、艺术与设计、工程和商科六个类别。这几个大类的学科分别包含哪些具体的专业，可以在表 5.3 中获得基本的了解。

表 5.3 六大专业中常见的大学专业列表

自然科学	数学、应用数学、物理、应用物理、生物、化学、生物化学、计算化学、化学物理、生物医学、环境科学、地质学、天文学等专业
社会科学	经济学、政治学、社会学、心理学、认知和神经科学、人类学、考古学、语言学、教育学、国际关系、媒体研究、传播学、新闻学、性别研究、亚洲研究、拉丁美洲研究、中东研究等专业
人文	历史、艺术史、哲学、宗教学、古典学、中文、西班牙语、阿拉伯语、法语、日语、德语、希腊语、希伯来语、俄语等专业
艺术与设计	舞蹈、戏剧、音乐研究、作曲、乐器演奏、声乐、音乐技术、视觉艺术、雕塑、摄影、插画、服装设计、室内设计、产品设计、交互设计等专业
工程	计算机科学、电子工程、机械工程、生物医药工程、化学工程、土木工程、环境工程、材料科学等专业
商科	创业学、会计学、金融学、管理学、商业分析、市场营销学、房地产学、供应链管理等专业

即使学生在高中阶段没有办法确定一个非常具体的专业，也可以帮助其在六大专业领域中做一个初选。举个例子，一个学生可以不必明确要选哪一个具体的工程专业，但是可以先确定想学的是工程大类。这样在申请大学的时候先申请工程学院，然后进入大学之后再确定具体的工程方向。究竟是学

土木工程、电子工程、机械工程，还是环境工程、化学工程、生物工程。

如何在这六个专业中做一个初选？需要看两个关键学科的指标。

第一个指标是数学学得怎么样。数学作为一个基础学科连接了所有的工程专业、理科专业及一部分商科专业和社会科学专业。数学是这些学科的工具。假设数学学习有困难，则很难在上述学科中向上攀登高峰。

例如，在AP课程体系中有四门物理课程：物理1、物理2，物理C的力学和物理C的电磁学。物理1和物理2是基于代数的物理，而物理C必须有微积分的基础才能学好。类似的，对于经济学而言，数学也是不可或缺的工具和方法。计量经济学就是用数学建模的方式来解决经济学的问题。数学让经济学的逻辑性更为突出，借助数学和科学研究方法，经济学才成为社会科学中最像科学的学科。

第二个指标是英文学得怎么样。更确切地说，是学术英文和写作的水平怎么样。第三章介绍过学术英文不等同于生活的英文，学术英文水平依托于通过大量阅读与写作获得的批判性思维能力。托福获得90分以上的成绩是开始积累学术英文能力的起点。学术英文能力指向全部的人文学科和大部分社会科学学科，如文学、历史、哲学、古典学、政治学、国际关系、社会学、人类学、心理学等学科。这些学科通过阅读和写作来完成新知识的输入和输出。学术阅读和写作能力是学好这些学科的发动机，发动机转得好，学好这些学科才不费力。

进入高中阶段的学生可以通过数学和英文这两个学科来帮助自己在六大学科领域中做初选。还没有进入高中的学生，最好把英文和数学这两个学科都学好，才能在留学专业上拥有最多的选择。

三、用职业测评来辅助判断

第三个策略是利用职业测评来辅助选专业的决定。大多数职业测评通过问卷的形式来帮助学生收集和梳理自己的职业兴趣和价值观的信息。职业测评所使用的职业兴趣模型就是前面介绍过的霍兰德职业兴趣的六大分类。

还有的职业测评能够帮助孩子做天资的测评，就是通过测试来发现孩子擅长做的事。我们在咨询的过程中，会匹配在美国高中很流行的 YouScience 天资测评来为学生做测评和解读。使用这个测评有两个限制：第一是孩子的年龄最好在 14 岁以上，这样能比较理想地测试出来测评衡量的几项和职业相关的天资；第二是孩子的英文要过关，因为测评语言是英文。

四、以“不定专业”来申请大学

第四个策略是以“不定专业”（undeclared）来申请大学。如果在申请大学之前没有机会做深入的专业探索，我会推荐申请美国大学，或者提供近似美国大学通识教育的 Liberal Studies 项目。

美国大学采用热门留学国家唯一的以通识教育为特色的高等教育体系。进入美国大学后第一年，上的课程是自然科学、社会科学、人文课程、艺术课程等多个类别的通识课程；进入大二下学期才会确定专业，正式进入专业课的学习。因此，在美国大学读大学的同学可以在进入大学后，系统地接触各个不同的专业课程，到大二下学期再做选定哪个专业作为自己主修专业的决定。所以，学生实际上可以通过学不同专业的课程来体验不同专业到底是怎么回事，然后等到大二下学期再正式确定专业。确定专业的时间比申请大学的时间节点延长了约两年的时间。

美国大学的通识教育模式给学生更多的机会去接触不同的学科，然后再选定专业。接触不同学科的机会也让学生能够获得进入职场后应对各种不确定因素的灵活性。苹果公司的创始人乔布斯正是得益于在大学期间选修了一门书法的课程。这门课程看似和他今后所从事的计算机工程和软件开发没有关系，后来却成为他设计颠覆性的 iPhone 的灵感。

目前，其他国家的大学也有开设类似美国大学通识教育模式的 Liberal Studies 专业。例如，日本早稻田大学的 Liberal Studies 项目和英国伦敦国王学院的 Liberal Studies 项目。

五、本科学基础学科，硕士学应用学科

另外一种确定专业的方式是在大学继续选高中开设过的基础学科，然后在研究生阶段再继续学习应用型的专业。

例如，本科学习数学，到研究生阶段学习金融工程，毕业后可从事金融领域的数据分析，挖掘数据背后的经济价值；或者本科学习英文，研究生学习教育学并获得教育硕士的学位，毕业后从事国际教育的工作，成为国际学校中能用中英双语教学的老师。数学和英文都属于基础学科，是很多应用学科的底层基础。

在本科学习基础学科有若干好处，最直接的好处是训练学生的底层逻辑和批判性思维。这种方式适合不急于在本科毕业后直接就业的学生。他们可以在大学期间充分发展自己的各项能力，打开视野，打造卓越的思维习惯，在有更多机会接触不同专业之后，确定自己想要进入哪个具体的行业，开启职场生活。

第四节　专业探索应趁早

本科留学，最晚需要确定大致的大学学习方向是十年级。为什么是在十年级呢？第二章介绍过三大主流国际课程体系，特别是 IB 和 A-Level 会在十年级的时候，要求学生确定高中最后两年的选课。对于大学而言，高中最后两年的选课象征着学生在高中期间所学的最高难度课程，对于选拔学生进入大学特定专业的学习具有重要的参考价值。

例如，英国剑桥大学对于计算机专业学生的高中选课要求就是数学要选最高难度的。如果是 A-Level 课程，要选进阶数学（further maths）这门课；IB 课程，要选高级别（high level）的数学分析和方法（analysis and approaches）这门课。

因此，对于大多数学生而言，理想的时间线是从小学高年级开始到初三结束的这几年时间里进行专业的探索。

那么家长可以做哪些事情来帮助孩子进行专业探索呢？

1. 鼓励孩子多阅读

特别是从非虚构类书籍和社会新闻中来了解世界。孩子进入小学高年级之后，就可以从纯虚构的童话故事和小说的阅读，逐渐过渡到非虚构类的人物传记和各种专著的阅读。比尔·盖茨的书单是很好的参考书目。另外，家长还可以带着孩子去阅读新闻，像华尔街日报和中文媒体中的财新网、三联生活周刊都是了解社会新闻的优质读物。

2. 多带孩子去旅行

在真实的世界当中丰富自己的认知。旅行不等同于度假。旅行的意义在于看到多种多样的生活方式。有条件的家长可以把旅行和学习结合在一起，设计特定主题的家庭旅行线路。例如，以可持续发展的农业为主题的旅行线路，可以涉及中东地区的滴灌技术、密歇根州的鱼菜共生有机农业项目，以及袁隆平农业考察基地。

3. 为孩子介绍职业导师

很多人是从榜样那里找到理想生活的模样的。当家长发现身边有值得信赖的成年人可以成为孩子的导师，可以给孩子做介绍。鼓励孩子和导师建立联系，从导师那里了解真实的职业情况。与职业导师做访谈，了解他们是如何找到当下的这份职业的，做好这项工作需要什么样的素质、能力和经验。从导师的角度看，未来这项职业会经历怎样的变革。导师的反馈都是一手的资料，可以为孩子的专业探索提供灵感。

专业探索是比申请哪个大学更重大的决定。当一个孩子经历过向内的兴趣、价值观和天资的探索，向外的对热门专业和职业领域的调研，选中适合自己的大学专业之后，选校就变成为孩子选择能为其在某个专业领域提供最佳本科教育的一个环境。规划好了从大学到职场的路径，家庭就不会轻易为一时的大学排名而焦虑，更能从长远的视角来考虑孩子从高中到大学再到步入职场后的发展。

附录

附录 A　2025 年 QS 世界大学排名前 100

排名	学校名称	学校英文名	国家 / 地区
1	麻省理工学院	Massachusetts Institute of Technology (MIT)	美国
2	帝国理工学院	Imperial College London	英国
3	牛津大学	University of Oxford	英国
4	哈佛大学	Harvard University	美国
5	剑桥大学	University of Cambridge	英国
6	斯坦福大学	Stanford University	美国
7	苏黎世联邦理工学院	ETH Zurich – Swiss Federal Institute of Technology	瑞士
8	新加坡国立大学	National University of Singapore (NUS)	新加坡
9	伦敦大学学院	University College London (UCL)	英国
10	加州理工学院	California Institute of Technology (Caltech)	美国
11	宾夕法尼亚大学	University of Pennsylvania	美国
12	加州大学伯克利分校	University of California, Berkeley (UCB)	美国
13	墨尔本大学	The University of Melbourne	澳大利亚
14	北京大学	Peking University	中国
15	南洋理工大学	Nanyang Technological University, Singapore (NTU)	新加坡
16	康奈尔大学	Cornell University	美国
17	香港大学	The University of Hong Kong	中国香港
18	悉尼大学	The University of Sydney	澳大利亚
19	新南威尔士大学	The University of New South Wales (UNSW Sydney)	澳大利亚
20	清华大学	Tsinghua University	中国
21	芝加哥大学	University of Chicago	美国
22	普林斯顿大学	Princeton University	美国

续上表

排名	学校名称	学校英文名	国家 / 地区
23	耶鲁大学	Yale University	美国
24	巴黎第九大学	Université PSL	法国
25	多伦多大学	University of Toronto	加拿大
26	洛桑联邦理工学院	École Polytechnique Fédérrale de Lausanne（EPFL）	瑞士
27	爱丁堡大学	The University of Edinburgh	英国
28	慕尼黑工业大学	Technical University of Munich	德国
29	麦吉尔大学	McGill University	加拿大
30	澳洲国立大学	The Australian National University	澳大利亚
31	首尔国立大学	Seoul National University	韩国
32	约翰霍普金斯大学	Johns Hopkins University	美国
32	东京大学	The University of Tokyo	日本
34	哥伦比亚大学	Columbia University	美国
34	曼彻斯特大学	The University of Manchester	英国
36	香港中文大学	The Chinese University of Hong Kong (CUHK)	中国香港
37	莫纳什大学	Monash University	澳大利亚
38	英属哥伦比亚大学	University of British Columbia	加拿大
39	复旦大学	Fudan University	中国
40	伦敦大学国王学院	King's College London	英国
40	昆士兰大学	The University of Queensland	澳大利亚
42	加州大学洛杉矶分校	University of California, Los Angeles (UCLA)	美国
43	纽约大学	New York University (NYU)	美国
44	密歇根大学安娜堡分校	University of Michigan–Ann Arbor	美国
45	上海交通大学	Shanghai Jiao Tong University	中国
46	巴黎理工学院	Institut Polytechnique de Paris	法国
47	香港科技大学	The Hong Kong University of Science and Technology	中国香港

续上表

排名	学校名称	学校英文名	国家 / 地区
47	浙江大学	Zhejiang University	中国
49	代尔夫特理工大学	Delft University of Technology	荷兰
50	京都大学	Kyoto University	日本
50	西北大学	Northwestern University	美国
50	伦敦政治经济学院	The London School of Economics and Political Science (LSE)	英国
53	韩国高等科技学院	KAIST – Korea Advanced Institute of Science & Technology	韩国
54	布里斯托大学	University of Bristol	英国
55	阿姆斯特丹大学	University of Amsterdam	荷兰
56	延世大学	Yonsei University	韩国
57	香港理工大学	The Hong Kong Polytechnic University	中国香港
58	卡耐基梅隆大学	Carnegie Mellon University	美国
59	慕尼黑大学	Ludwig–Maximilians–Universität M ü nchen	德国
60	马来亚大学	University Malaya (UM)	马来西亚
61	杜克大学	Duke University	美国
62	香港城市大学	City University of Hong Kong	中国香港
63	鲁汶大学（荷语）	KU Leuven	比利时
63	索邦大学	Sorbonne University	法国
65	奥克兰大学	The University of Auckland	新西兰
66	得克萨斯大学奥斯汀分校	University of Texas at Austin	美国
67	高丽大学	Korea University	韩国
68	台湾大学	Taiwan University (NTU)	中国台湾
69	华威大学	The University of Warwick	英国
69	伊利诺伊大学厄本那 – 香槟分校	University of Illinois at Urbana–Champaign	美国

续上表

排名	学校名称	学校英文名	国家 / 地区
71	布宜诺斯艾利斯大学	Universidad de Buenos Aires (UBA)	阿根廷
72	加州大学圣地亚哥分校	University of California, San Diego (UCSD)	美国
73	巴黎萨克雷大学	Université Paris-Saclay	法国
74	瑞典皇家理工学院	KTH Royal Institute of Technology	瑞典
75	隆德大学	Lund University	瑞典
76	华盛顿大学	University of Washington	美国
77	西澳大学	The University of Western Australia	澳大利亚
78	格拉斯哥大学	University of Glasgow	英国
79	布朗大学	Brown University	美国
80	伯明翰大学	University of Birmingham	英国
80	南安普敦大学	University of Southampton	英国
82	阿德雷德大学	The University of Adelaide	澳大利亚
82	利兹大学	University of Leeds	英国
84	海德堡大学	Ruprecht-Karls-Universität Heidelberg	德国
84	东京工业大学	Tokyo Institute of Technology (Tokyo Tech)	日本
86	大阪大学	Osaka University	日本
87	都柏林三一学院	Trinity College Dublin, The University of Dublin	爱尔兰
88	悉尼科技大学	University of Technology Sydney	澳大利亚
89	杜伦大学	Durham University	英国
89	宾州州立大学公园分校	Pennsylvania State University Park	美国
89	普渡大学西拉法叶分校	Purdue University	美国
92	圣保罗大学	Universidade de São Paulo	巴西
93	智利天主教大学	Pontificia Universidad Católica de Chile (UC)	智利
94	莫斯科国立大学	Lomonosov Moscow State University	俄罗斯联邦

续上表

排名	学校名称	学校英文名	国家 / 地区
94	墨西哥国立自治大学	Universidad Nacional Autónoma de México (UNAM)	墨西哥
96	艾伯塔大学	University of Alberta	加拿大
97	柏林自由大学	Freie Universitaet Berlin	德国
98	浦项科技大学	Pohang University of Science And Technology (POSTECH)	韩国
99	亚琛工业大学	RWTH Aachen University	德国
100	哥本哈根大学	University of Copenhagen	丹麦

附录B　2025 US News 美国前 50 综合类大学和文理学院排名

【综合类大学 National University】

排名	学校名称	学校英文名称
1	普林斯顿大学	Princeton University
2	麻省理工学院	Massachusetts Institute of Technology (MIT)
3	哈佛大学	Harvard University
4	斯坦福大学	Stanford University
5	耶鲁大学	Yale University
6	加州理工学院	California Institute of Technology
6	杜克大学	Duke University
6	约翰霍普金斯大学	Johns Hopkins University
6	西北大学	Northwestern University
10	宾夕法尼亚大学	University of Pennsylvania
11	康奈尔大学	Cornell University
11	芝加哥大学	University of Chicago
13	布朗大学	Brown University
13	哥伦比亚大学	Columbia University
15	达特茅斯学院	Dartmouth College
15	加州大学洛杉矶分校	University of California Los Angeles
17	加州大学伯克利分校	University of California Berkeley
18	莱斯大学	Rice University
18	圣母大学	University of Notre Dame
18	范德堡大学	Vanderbilt University
21	卡内基梅隆大学	Carnegie Mellon University
21	密歇根大学安娜堡分校	University of Michigan-Ann Arbor
21	华盛顿大学圣路易斯分校	Washington University in St Louis
24	埃默里大学	Emory University

续上表

排名	学校名称	学校英文名称
24	乔治城大学	Georgetown University
24	弗吉尼亚大学	University of Virginia–Main Campus
27	北卡罗来纳大学教堂山分校	University of North Carolina at Chapel Hill
27	南加州大学	University of Southern California
29	加州大学圣地亚哥分校	University of California–San Diego
30	纽约大学	New York University
30	佛罗里达大学	University of Florida
30	德克萨斯大学奥斯汀分校	The University of Texas at Austin
33	佐治亚理工学院	Georgia Institute of Technology–Main Campus
33	加州大学戴维斯分校	University of California–Davis
33	加州大学尔湾分校	University of California–Irvine
33	伊利诺伊大学香槟分校	University of Illinois at Urbana–Champaign
37	波士顿学院	Boston College
37	塔夫茨大学	Tufts University
39	加州大学圣塔芭芭拉分校	University of California–Santa Barbara
39	威斯康星大学麦迪逊分校	University of Wisconsin–Madison
41	波士顿大学	Boston University
41	俄亥俄州立大学	Ohio State University–Main Campus
41	罗格斯大学	Rutgers University–New Brunswick
44	马里兰大学帕克分校	University of Maryland–College Park
44	罗切斯特大学	University of Rochester
46	里海大学	Lehigh University
46	普渡大学西拉法叶分校	Purdue University–Main Campus
46	佐治亚大学	University of Georgia
46	华盛顿大学	University of Washington–Seattle Campus
46	维克森林大学	Wake Forest University
51	凯斯西储大学	Case Western Reserve University
51	得克萨斯农工大学	Texas A&M University
51	弗吉尼亚理工大学	Virginia Tech

【文理学院 Liberal Arts College】

排名	学校名称	学校英文名称
1	威廉姆斯学院	Williams College
2	阿默斯特学院	Amherst College
3	斯沃斯莫尔学院	Swarthmore College
5	鲍登学院	Bowdoin College
5	波莫纳学院	Pomona College
7	韦尔斯利学院	Wellesley College
8	卡尔顿学院	Carleton College
8	克莱蒙特·麦肯纳学院	Claremont McKenna College
12	哈维·穆德学院	Harvey Mudd College
12	瓦萨学院	Vassar College
14	巴纳德学院	Barnard College
14	戴维森学院	Davidson College
14	汉密尔顿学院	Hamilton College
14	史密斯学院	Smith College
14	维思大学	Wesleyan University
19	格林内尔学院	Grinnell College
19	明德学院	Middlebury College
19	华盛顿与李大学	Washington and Lee University
22	科尔盖特大学	Colgate University
22	里士满大学	University of Richmond
24	哈弗福德学院	Haverford College
25	科尔比学院	Colby College
26	贝茨学院	Bates College
26	玛卡莱斯特学院	Macalester College
28	圣十字学院	College of the Holy Cross

续上表

排名	学校名称	学校英文名称
29	布林莫尔学院	Bryn Mawr College
29	科罗拉多学院	Colorado College
31	巴克内尔大学	Bucknell University
31	富兰克林与马歇尔学院	Franklin & Marshall College
31	拉斐特学院	Lafayette College
34	蒙特霍利约克学院	Mount Holyoke College
34	西方学院	Occidental College
36	丹尼森大学	Denison University
36	匹泽学院	Pitzer College
36	斯基德莫尔学院	Skidmore College
36	三一学院	Trinity College
40	伯里亚学院	Berea College
40	三一大学	Trinity University
40	联合学院	Union College (NY)
44	斯克利普斯学院	Scripps College
45	迪肯森学院	Dickinson College
45	富尔曼大学	Furman University
45	凯尼恩学院	Kenyon College
45	美国创价大学	Soka University of America
45	西沃恩南方大学	The University of the South
50	迪堡大学	DePauw University
50	希尔斯代尔学院	Hillsdale College
50	圣奥拉夫学院	St. Olaf College

* 美国军方院校和传统黑人学校不包含在此名单中

后记

在本书的最后，我想感谢每一位读者。感谢您愿意翻开这本关于留学规划的书籍。您对孩子教育规划的提前关注和了解，让我非常欣赏。正是因为有您这样用心的家长，孩子们的未来才充满了更多可能。

在完成这本书的过程中，我满怀期待，但也深知自身的局限。我们所处的行业瞬息万变，受国际关系、各国政策、新兴科技和社会变革的影响，留学规划信息更新的速度令人应接不暇。尽管我已竭尽全力搜集和整理最新、最准确的资料，但仍有可能存在部分信息与实际不符的情况，对此，希望能得到大家的谅解！

我要衷心感谢在这本书孕育过程中给予我支持的团队和朋友们：高云敬、刘艺、郭欣、刘宝、葛晓青。他们的名字不分先后，是他们的陪伴与帮助，让这本书得以问世。我也要感谢秋叶大叔和团队编辑彩霞老师对我这位新手作者的包容和大力支持。

我也要感谢见证我从求学到初入职场，从自己逐步成为一名成熟的规划和申请顾问到创立一家教育咨询工作室、带领团队一起创造业绩的这段旅程上，我的每一位导师和贵人，每一位学长、学姐和同学。谢谢你们无私的分享和真诚的反馈，启发我一步一步地突破自己。

我还要感谢我的学生们和家长们。感谢你们多年来的信任，为你们做教育规划的过程是彼此成就。每一名学生都曾带给我发现新知的喜悦，看到你们收获梦校录取，更是让我倍感欣慰。有幸与你们分享青春，这一切无比值得。

最后，我要特别感谢我的父母、丈夫、女儿和公婆，是他们在背后默默支持着我所热爱的教育咨询事业，给予我无尽的温暖和鼓励，让我能够坚定地在这条道路上前行。

这本书，凝聚了许多人的心血与期望，希望它能为读者带来一些有价值的思考和帮助。我也真诚期待能在线上和线下与各位读者交流。

再次感谢每一位陪伴我走过这段创作之旅的人。

丁婉宁

2024 年 8 月 8 日